유식과 합리적 정서행동치료

唯識と論理療法: 仏教と心理療法・その統合と実践

YUISHIKI TO RONRIRYOHO - Bukkyo to Shinriryoho · Sonotogo to Jissen by Moriya Okano

Copyright ⓒ 2004 Moriya Okano

All rights reserved.

Originally published in Japan by KOSEI PUBLISHING COMPANY

Korean translation rights arranged with KOSEI PUBLISHING COMPANY through BESTUN KOREA AGENCY

Korean translation rights ⓒ 2023 CIR Co., Ltd.

불교와
심리치료의
통합과 실천
—

유식과 합리적 정서행동치료

오카노 모리야
지음

윤희조
옮김

씨아이알

서
언

불교의 흐름에 대해서

        이 책은 불교와 심리학·심리치료 양측 모두를 통합하고 있는, 현대인이 일상생활에 활용하고 사용할 수 있는 하나의 가이드북이다. 이 책의 내용을 이해하고 실천한다면, 허무, 우울, 불안, 분노, 질투 등과 같은 고민과 감정적인 문제가 상당 부분 해소되거나 경감될 것이다.

    일반 독자들이 읽기 쉽고 편리하게 사용하도록 이야기를 풀어나가는 형식으로 이 책을 구성하였다. 가능하면 알기 쉬운 표현을 사용하고 있지만, 불교나 심리전문가의 입장에서도 교화 활동이나 상담과 같은 실천적인 장면에서 충분히 활용할 수 있는 내용으로 구성되어 있다고 생각한다.

    이 책에서는 불교의 여러 학파의 가르침 가운데 유식唯識을, 다양한 심리치료학파 중에서는 합리적 정서행동치료를 선택하고 있다. 물론 여러 가지 선택지와 조합이 있을 수 있다. 필자도 결코 이것이 유일하다거나 절대적이라고는 생각하지 않는다. 그럼에도 불구하고 이 책에서 특히 두 가지, 즉 불교와 심리학·심리치료를 선택하게 된 이유를(본문에서 상세히 기술하고 있지만) 간단하게 정리해보고자 한다.

우선 유식은 대승불교의 심층심리학이라고 할 수 있다. 유식은 인간의 마음속 고민, 즉 번뇌의 원인을 해명하고 번뇌를 해소하고 경감하기 위한 대처법을 매우 체계적으로 기술하고 있다. 불교의 여러 학파의 가르침 중에서도 현대 심리학에 가까운 형태로 되어 있고, 그런 의미에서 현대 심리학과 불교의 접점으로서 가장 적합하다고 생각한다.

그러나 유식은 대승불교의 이론이고 최종적으로 지향하는 바는 보살의 경지이며 깨달음이기 때문에 많은 부분에서 당면 목표로는 너무 고원하다고 할 수 있다. 이 때문에 일상생활에서 당장 활용하기에는 다소 어려운 측면이 있다고도 할 수 있다.

그에 반해서 합리적 정서행동치료는 일반인의 일상적인 고민, 감정적인 문제를 가능한 한 간단한 이론과 방법으로 해소하거나 경감하기 위해서 고안된 미국의 심리치료법이다. 필자가 직접 사용해 봐도 매우 짧은 시간에 상당한 효과를 볼 수 있었기에 바로 일상생활에 활용할 수 있다.

합리적 정서행동치료는 마음먹기의 방법과 생각을 정리하는 것으로서 그 목표는 자신이 일상적으로 잘 살아가는 것에 있다. 그리고 인간의 성장 단계로 말하면 자아확립自我確立으로부터 자기실현自己實現의 단계까지다.

인간은 '자아 이전의 어린 마음의 상태에서 출발해서, 어른으로서의 자아를 확립하고, 보다 성숙한 어른으로서의 자기실현에 도달하며, 그것을 넘어서 자아 초월의 단계까지 도달하는 성장 가능성을 가지고 있다'고 필자는 생각한다. 이는 넓은 의미에서 인본주의심리학, 자아초월심리학, 통합심리학이다.

이러한 의미에서 합리적 정서행동치료는 자아확립에서 자아실현의 수준까지에 걸맞고, 이를 넘어서는 자아 초월의 수준은 유식이 제격이다. 그리고 이 두 가지 조합은 순차적으로 단계를 밟는 인간 성장의 길 가운데 하나로서 상당한 유효성이 있을 것으로 필자는 생각한다. 필자 자신이 임상을 하면서 그 유효성을 강하게 느껴왔다. 불교와 심리학 양쪽 모두에 실천적·임상적 관심이 있는 분들이 시험해보기를 바란다.

또한 이 책은 임상을 하는 데 실용적 유효성에 큰 비중을 두고 있다. 분량 관계상 보다 광범위한 불교와 심리학의 통합 이론과 방법에 대한 언급은 다른 책에 양보하고자 한다. 관심이 있는 분께서는 이론 부분은 필자의 『트랜스퍼스널심리학トランスパーソナル心理学』(青土社, 1990), 『유식唯識의 권유－불교의 심층심리학입문唯識のすすめ－仏教の深層心理学入門』(NHK出版, 1998), 『자아와 무아－개인과 집단의 성숙된 관계自我と無我－「個と集団」の成熟した関係』(PHP研究所, 2000), 켄 윌버의 『의식의 스펙트럼The Spectrum of Consciousness』(1977), 『통합심리학Integral Psychology』(1994), 『진화하는 영 Sex, Ecology, Spirituality: the Spirit of Evolution』(1995)을 참조하기 바란다. 방법에 대해서는 필자의 『살아 있는 자기 신뢰의 심리학生きる自信の心理学－コスモス·セラピー入門』(PHP研究所, 2002) 등을 참조하기 바란다.

차례

제2부
현대의 방편, 합리적 정서행동치료

서론

一

불교의 흐름에 대해서

1

불교의
네 가지 측면
일본불교의 흐름

한마디로 불교라고 하지만 실제로는 여러 측면이 있다. 같은 불교라는 이름으로 불려도 종교학적으로 말하자면 원시적인 주술의 요소, 고대적인 신화의 요소, 합리성과 철학성이 있는 가르침, 이것을 포함하면서도 초월할 수 있는 깨달음의 논리와 방법이라는 4가지 요소가 혼재하고 있다. 그중에서도 가장 본질적이고 중심적인 것은 영성靈性으로도 불리는 네 번째 요소라고 필자는 생각한다.

그리고 결론부터 말하자면 유식唯識은 원시적인 주술이나 고대적인 신화를 모두 부정하더라도 성립하며, 합리성과 철학성을 포함하면서도 그것을 초월하는 영성이론이며, 현대인에게도 매우 타당성과 설득성이 있다고 생각된다. 그런 의미에서 현대인들이 자신의 인생에 도움을 줄 수 있는 불교를 재발견하고자 할 때 불교의 여러 흐름 가운데 유식이 가장 유효하다고 생각한다. 물론 유일하고 절대적인 것은 아니다. 그런데 여러 가지 역사적인 이유 때문에 현대인 가운데 많은 사람이 불교의 주술적인 측면, 신화적인 측면, 합리적이고 철학적인 측면, 영성적인 측면을 구별하지 않은 채로 사용하고 있다. 더욱이 유식에 대해서 이름조차 들어본 적이 없는 사람들도 적지 않다.

그러한 이유로, 특히 주술적 측면이나 신화적 측면만을 보는 사람들은 불교를 고리타분하고 미신적인 것으로 여겨 전혀 흥미를 느끼지 않는 것 같다. 이렇게 말하는 나 자신도 여러 가지 계기로 인해서 불교의 정수를 공부하면서 주술적인 면이나 신화적인 면을 구분할 수 있기 전까지는 그러한 오해를 하고 있었다. 이러한 오해를 풀어가기 위해서는 우선 일본불교의 흐름을 대략적으로 돌아보아야 할 것이다. 필요하지 않다고 생각하는 사람들은 이 부분을 생략해도 무방하다.

6세기(538~552년)에 불교가 일본으로 처음 들어왔을 때, 당시 가장 큰 의미를 지녔던 것은 불교가 가지고 있는 호국을 위한 주술이라는 측면이었다. 즉, 일본이라는 국가를 지키는 주술로서 종래의 신도神道의 신神들보다도 외래의 부처가 힘이나 영향력이 더 센 것으로 보였다. 이를 국가적으로 받아들이느냐의 여부를 놓고 팽팽한 대립이 있은 뒤, 최종 단계에서 불교는 지금까지 일본인이 가지고 있던 신화적인 조상숭배와 결부되었다. 당시 중국에서 불교는 이미 조상숭배의 종교가 되어 있었다. 국가 수호, 웅장하고 화려한 의례 그리고 개인적인 질병 등을 고치기 위한 주술까지 포함한 불교가 일본에 들어왔다. 불교가 일본에 들어왔을 때는 주술적인 요소에 초점이 맞추어져 있었다고 말해도 좋을 것이다.

불교가 들어오기 이전의 일본은 모든 사물에는 생명과 혼魂이 있다고 하는 애니미즘animism과 무녀巫女 등이 매개가 되어 인간을 초월하는 힘을 숭배하거나 달래는 고대 샤머니즘적인 부족 신도神道에 의해 불안과 안심이 혼재된 세계관 속에서 간신히 살았던 것 같다.

예를 들면, 폭우나 가뭄, 폭풍이나 천둥과 같은 기상 이변 등에 신들의 힘이 작용하고 있다고 생각하고, 그런 거친 신神을 다스리고 달래서 은혜를 얻는 것이 주술이었다.

물론 고대 부족 신도의 주술이 거칠고 난폭한 신이라고 믿었던 자연의 무서운 위력을 잠재울 수 있었던 것은 아니다. 그러므로 더 큰 의례를 가지고 있고, 주술로서도 대단한 힘을 가진 것처럼 보이는 불교의 주술이 부족 신도의 주술을 대신하였다. 이는 흠명천황欽明天皇에서 추고천황推古天皇과 성덕태자聖德太子에 걸친 시대의 흐름이었다.

여러 불상, 사원 건축, 승려의 복장, 무엇보다도 의례의 웅장하고 화려함, 복잡함, 그 밖의 다양한 불교문화는 주술적인 안심을 주었고, 재래의 부족 신도보다 뛰어난 힘이 있었다는 인상을 주었다. 특히 이를 수용한 지배층에게는 어느 정도 심리적인 도움이 된 것 같다. 594년 추고천황과 성덕태자 라인에서 불교를 정식으로 도입하여 국교로 결정하였을 때, 그 당시의 의식 수준에서 보면 당연한 것이지만, 주로 주술적이고 신화적인 불교를 도입하였다. 이때 일본의 부족적·민속적 신도와 조상령 숭배가 폐지되지 않았고, 정책 차원에서는 유교윤리도 도입되었다.

성덕태자의 17가지 헌법十七条憲法을 보면 일본불교는 출발부터 신불유습합神佛儒習合이라는 형태였던 것 같다. 여기서 중요한 것은 신불유습합이라는 형태로 일본에 불교를 도입하고 정착시킨 책임자인 성덕태자는 가르침의 차원에서나 수행경지에서나 매우 깊은 영성적 차원에서 불교의 정수를 터득하고 있었다는 사실이다.

그러나 당시 일본인의 평균적인 정신발달 수준으로 보면 영성, 합리성과 철학적 수준에서 불교가 뿌리내리지 못한다. 신화성과 주술성이 통합된 형태로 불교를 도입해야만 한다고 성덕태자는 생각했을지도 모른다. 나는 이것을 성덕태자의 방식聖德太子方式이라고 명명하고 있다. 그리고 성덕태자의 방식은 일본불교에 있어서, 나아가서는 일본인에게 있어서 매우 다행한 일이었다고 생각한다.[1]

이어서 도소道昭, 교오키行基 등 민중포교를 행한 승려가 지옥과 극락을 포함하는 육도윤회六道輪廻 등의 신화를 설명하고, 그것이 민중에게 구원이 되는 시대가 온다. 이 세상이 아무리 힘들더라도 이 세상에서 열심히 선행을 쌓으면, 내세는 좋은 곳에서 태어날 수 있다는 희망을 심어준다는 의미에서 구원이 된 셈이다.

이렇게 주술과 신화라고 하는 양면의 안심효과로 인해 불교는 점점 서민들에게 파고들게 된다. 이른바 성스러운 승려들의 포교 활동에 의해 일본 전국 구석구석까지 육도윤회라고 하는 불교의 신화적 세계관이 정착되어 갔다. 특히 헤이안平安 말기부터 카마쿠라鎌倉 시대를 거치면서 주술적이고 신화적인 불교는 일본인 전체의 것이 되었다.

하지만 불교의 마지막과 핵심은 역시 영성적인 부분에 있다. 애당초 성덕

---

1   岡野守也(2003), 『聖德太子『十七条憲法』を読む－日本の理想』, 大法輪閣.

태자는 불교의 영성적인 정수를 깊게 체득하였고, 성덕태자 이후에도 소수의 뛰어난 학승이나 수행승을 통해서 영성적인 정수가 전해져 내려왔다고 생각해도 좋을 것이다.

그러나 전체적으로 불교는 주술과 신화를 통해서 심리적인 안정을 준다고 하는 사회적 역할을 담당하면서 일본 안으로 받아들여지고 퍼져나가게 된다. 그 과정을 조금 더 역사적으로 살펴보도록 하겠다. 헤이안 시대의 불교는 지금까지의 나라奈良 시대 불교보다 더 힘 있고 주술력이 있는, 즉 더 복잡하고 장엄하고 화려하며 굉장한 효과가 있어 보이는 의식을 통한 새로운 불교였다고 생각된다.

수도를 나라에서 헤이안쿄平安京로 옮기면서 헤이안 시대를 연 환무천황桓武天皇은 그 지위와 권력을 확립하는 과정에서 많은 친족을 살해하였고, 그 원령들로 괴로워하고 있었다. 그런 원령으로부터 벗어나기 위해서 나라 시대 불교보다도 더 효력이 있는 불교를 원했던 것 같다. 환무천황의 그런 기대를 받고 당나라에서 유학한 사이초最澄나 구카이空海가 가져온 불교는 바로 그러한 힘이 있다고 느꼈던 주술적인 불교였다. 이는 천황과 귀족들에게 지지를 받을 수 있었다.

예를 들면, 겐지모노가타리源氏物語 등을 보더라도 병을 고치고 원귀를 물리치는 주술을 하는 밀교승密教僧들이 귀족들을 구원하고 있다. 거기에 더해서 사찰이나 불상을 조성하는 선업善業의 공덕을 쌓아서 사후에 좋은 세계인 정토淨土에 태어나는 보증을 얻는 것이 헤이안 시대 귀족들의 마음의 구원이 되었던 것이다.

물론 사이초나 구카이는 학문적으로나 실천적으로나 불교의 깊은 영성적인 정수를 체득한 사람들이지만, 많은 사람에게 지지를 받았던 것은 그런 부분보다는 주술적인 부분이었던 것 같다. 그러나 전문적인 수행이나 학문도 할 수 없고, 돈이 많이 드는 의식도 할 수 없는 가난한 서민을 어떻게 구할 것인가 하는 것이 고야空也 등 헤이안 말기의 정토淨土 계통 승려들의 과제였다. 그들은 서민들에게 육도윤회라는 불교신화를 전하면서 동시에 구제의 방법론으로써 오로지 아미타불阿弥陀佛을 믿고 염불念佛하는 것만으로도 극락정토에 갈 수 있다는 서민화된 불교를 널리 전파했다.

그리고 호넨法然, 신란親鸞, 잇펜一遍은 그러한 간략화를 철저히 추진했다고 해도 좋을 것이다. "염불 한 구절로도 좋고, 염불을 하지 않더라도 믿음만으로도 좋다"라고 한다. 이제 아무리 무지한 서민이라도 사후에 극락으로 갈 수 있다는 신화적인 안정감을 얻을 수 있다. 일련종日蓮宗의 '나무묘법연화경'이라는 7글자 제목도 이러한 불교의 간략화라는 흐름을 보여준다고 생각해도 좋을 것이다.

한편 무사들은 당장 영지를 지키고 확장하는 것에 몰두하여 언제든 죽이고, 죽을 수 있는 절박한 상황이었기 때문에 죽은 후 극락에 갈 수 있는지 없는지보다 지금 어떻게 살고 어떻게 죽을지를 각오하는 마음이 중요하였다. 이에 에이사이榮西나 도겐道元이 전한 선禪은 마음을 굳게 먹고 생사의 각오를 다지기 위한 방법론으로서 무사에게 매우 효과적이었다.

요약하면 한 구절의 염불만으로 또는 제목만으로 또는 단지 좌선만으로 불교를 간략하게 행할 수 있었던 것이 가마쿠라 시대의 불교라고 생각된다. 그리고 특히 서민들에게 극락에 갈 수 있다고 하는 신화는 믿을 수만 있다면 크나큰 구원이 되었을 것이다.

이러한 불교의 흐름은 무로마치室町 시대부터 에도江戸 시대에 걸쳐서 확정된다. 에도시대에는 막부幕府에 의해서 사회적으로 인정받는 사청제도寺請制度가 만들어졌다. 사원에 소속되면 기독교인이 아니라는 것이 증명되고, 일본인은 원칙적으로 모두 불교도佛敎徒가 되었다. 이때 전해진 불교는 기본적으로 지옥－극락의 신화적인 불교이다. 그것은 실제 현장에서는 조상숭배와 결부된 형태로 행해져왔고, 가피를 기원하는 가지기도加持祈禱 등 주술적인 부분도 상당히 많았다. 그 가운데 깨달음과 영성적인 불교가 극히 일부 유지되는 구조를 가지게 된 것 같다.

막부에 의해 종문宗門의 논쟁論爭은 금지되었고, 가마쿠라 시대에 있었던 것과 같은 종파 간의 대립이 정치적으로 조정되었다. 이렇게 종파의 세력이 고정되고, 기본적으로 새로운 종교를 만들 수 없는 상황에서 신도, 불교, 유교는 전체적으로 동일한 것이라고 해석하는 형태, 이른바 신불유습합神佛儒習合이라고 불리는 형태의 불교가 운영되었다.

돌이켜보면 그 경우의 불교는 기본적으로 신화적 불교로서 극락 등 좋은 곳에서 태어나기 위해서는 살아 있는 동안에 선업을 쌓으면 된다. 악업을 쌓으면 지옥, 아귀, 축생계로 떨어지기 때문에 살아 있는 동안에 좋은 일을 해야 하고, 나쁜 일은 하지 말아야 한다는 것이다.

그러한 신불유습합적인 사고에 대해서, 말하자면 국민적 합의가 있었기 때문에 메이지明治 이전의 일본은 사회적으로 매우 안정된 국가였다고 생각한다. 도쿠가와德川 막부의 종교 정책에 의해서 공인된 이후 270년간 신불유습합 형태의 불교는 일본인의 마음을 안정시키는 기초였다고 할 수 있다.[2]

그런데 메이지유신明治維新 이후 서양 합리주의가 들어오면서 그것을 배운 지식인들은 점점 지옥-극락, 육도윤회의 불교신화를 믿지 않게 되었다. 불교학에 관해서도 메이지 시기부터 서양의 불교 문헌학, 역사학이 들어오기 시작한다. 그리고 먼저 동경대의 불교학자들이 근대 문헌학과 역사학을 공부한다. 그리고 여기서 배운 사람들이 곧 종립학교에서 불교학자의 지위를 얻게 된다.

이렇게 해서 종립대학 중에서도 종파의 신화적인 신앙을 믿고 있는 사람, 종파의 교학을 공부하는 사람, 그리고 근대 유럽의 불교학을 하는 사람 등 세 부류가 생겨난다. 학문의 세계에서는 어느 곳이나 근대 합리적인 방법론이 주류를 이루기 때문에 대학에서도 머지않아 근대적인 불교학의 발언권이 강해지고, 종파 교학의 발언권은 상대적으로 약해져서 신화적인 불교신앙은 거의 발언권을 상실하게 된다.

지금까지 대학의 인도철학과나 불교학과로 진학하는 학생들 대부분은 특정 종파의 사찰을 이어가기 위해 진학한 것이 현실이다. 최근에 조금 달라지긴 했지만 그들은 대학에서 주로 사찰에서 행하는 장례의식이나 공양 등의 행사의 기초가 되는 신화적인 신앙을 붕괴시키는 근대적인 역사학과 문헌학을 따르는 불교학을 배운다. 그러나 안타깝게도 근대 불교학과 자기 종파의 가르침에 대한 학문인 종학과 전근대적이고 신화적인 불교신앙과의 차이점을 어떻게 생각하면 되는지에 대해서 전혀 배우지 못한 채 졸업해 버리는 것 같다.

전쟁 후 교육을 받았던 승려들은 원래 과학주의·합리주의적인 교육을

---

2   岡野守也(2000), 『コスモロジーの創造－禅·唯識·トランスパーソナル』, 法藏館.

고등학교까지 받고 대학에서는 불교 자체를 합리주의적인 방법에 의한 학문으로 배울 뿐이기 때문에, 전통적인 지옥–극락의 신화로서의 불교를 대체로 믿을 수 없게 된 것이다. 다양한 측면의 청취조사에 따르면 현재 승려들 중 지옥–극락, 육도윤회를 진심으로 믿고 있고, 신자들에게 진심으로 설법할 수 있다는 승려는 1% 정도 있을까 말까 한 상황인 것 같다. 그런데 장례의식이나 큰 공양행사는 그러한 불교신화를 기초로 하여 행해지고 있기 때문에 마음속 깊이 모순을 품고 있는 승려들이 많을 것이라고 생각한다.

그렇다고 해서 종학宗學과 근대 불교학을 통합한 형태로 불교가 무엇인지를 현대인이 납득할 수 있는 형태로 말할 수 있는 승려가 증가하고 있는가 하면, 필자가 알기로는 그렇지 않다. 극도로 소수만이 가능할 것 같다. 그렇다면 자신감 있게 포교를 할 수 있는 승려는 거의 육성되고 있지 않다는 것이다. 이것은 불교가 본래 가지고 있는 의미에서 보면 필자는 매우 불행한 일이라고 생각한다.

2

붓다의
근본 가르침

　　　　　　　　필자의 생각에는 우선 무엇보다도 불교계가 지금
까지와 같이 주술적·신화적 요소로 교화와 포교를 계속한다면, 어려서부
터 과학합리주의를 배우고 그것이 배어 있는 현대인들에게는 더 이상 설득
력을 가질 수 없다는 것이 문제이다. 설득성이 없다는 것은 불교계에서 보
면 교세가 늘어나지 않는 것은 물론, 세대가 내려갈수록 신도 수가 줄어간
다는 것이며, 그보다 더 본질적으로 중요한 것은 불교가 현대인들에게 도움
이 되지 않는다는 것이다.

　　그러면 이런 상황은 어쩔 수 없냐면 결코 그렇지 않다. 원점으로 돌아가
서 불교의 본질을 살펴보면 붓다의 가르침은 지극히 합리적인 것을 넘어서
서 합리성을 충분히 내포하면서도 그것을 초월할 수 있는 것이라고 생각하
기 때문이다. 예를 들면, 아함경전 등에서 볼 수 있는 붓다의 가르침은 윤회

사상이 없더라도 성립하는 가르침이라고 생각한다. 즉, 연기緣起, 무아無我, 무상無常이라는 가르침은 지옥 – 극락 등이 별도로 없더라도 성립되는 것이고 이성적으로 검증이 가능하다.

미리 이야기하자면, 불교를 원점에서 이해하면서 모든 불교에 공통되는 기반을 확인하고자 한다면, 이른바 '통불교通佛教'적으로 보면 붓다의 가르침의 정통은 공사상空思想에 있고, 유식사상唯識思想에 있다고 할 수 있다. 그리고 그 유식사상이 바로 심리학으로 자리 잡은 것이다. 붓다 이후 불교의 흐름에서 가장 정통적이고 심리학적인 이론은 유식唯識이라고 생각한다.

현대 불교계에 계신 분들은 불교의 신화적인 부분이나 각 종파의 가르침을 고집하기 전에 먼저 붓다로부터 유식까지의 사상의 흐름을 파악하고 그것이 불교의 원점이라고 생각하면 좋을 것 같다. 이것은 결코 필자만의 개인적인 의견이 아니다.[3]

그리고 유식을 이해하고 생활에 적용하는 방법 가운데 방편으로서, 합리적 정서행동치료를 사용해보자는 것이다. 합리적 정서행동치료로 마음의 모든 문제를 해결하려는 것이 아니라, 불교적으로 도달해야 할 목표는 아직 멀리 있다는 자세로 이를 이용한다면, 대단히 현대적이고 설득력이 있으며, 유효성이 있는 불교심리학이라고 생각될 것이다.

다만 '불교심리학'이라고 해도, 원점은 불교의 진리를 바탕으로 하고 있으므로, 특정 종교로서의 불교 내부에 포섭되어 한정되지는 않는다. 그래서 나는 특정 종교로서의 불교 안에 국한하고 싶지 않기 때문에 굳이 '불교적

---

3   玉城康四(1990), 『新しい仏教の探求』, 大蔵出版.

심리학'이라고 부르고 싶다. 이러한 '불교적 심리학'을 확립하고 이를 방편으로 삼아 현대에 접근하는 것은 사실 각 종파에게도 본질적인 일이며, 이는 종파의 독자성을 져버리는 일이 결코 아니라고 생각한다.

이야기를 원래대로 되돌려 일단 '연기緣起'를 말하자면, 붓다가 설한 연기에는 두 가지 중요한 의미가 있다고 생각한다. 즉, '십이연기'의 연기와 '모든 것은 관계성과 연緣에 의해 생겨나고 있다'라고 하는 두 가지 의미이다. 어느 쪽이 보다 본질적인 사상인가 하면 후자의 의미에서의 연기이다. 그리고 연기와 무상無常이 통합적으로 포착되면 무아無我인 셈이다. 무상과 무아는 모두 합리적으로 확인할 수 있는 세계의 사실로서, 현대인에게도 증명할 수 있을 것이다.

예를 들어, 여기에 찻잔이 있다고 해보자. 보통은 여기에 '찻잔이라는 것'이 그 자체로 존재한다고 생각한다. 그러나 잘 생각해보면 찻잔이 스스로 여기에 있는 것은 아니다. 누군가가 가져왔기 때문에 여기에 있는 것이다. 그리고 이 찻잔은 100년 전부터 찻잔의 형태를 하고 있었을까? 누군가가 찻잔 모양을 만들어서 구운 것이다. 굽기 전에는 그냥 흙이었다. 흙으로 모양만 낸다고 해서 찻잔이 되지는 않는다. 장작과 불과 가마가 있고 게다가 굽는 사람이 있어야 비로소 형태가 만들어진다.

하지만 그것만으로도 여기에 있을 수는 없다. 구워진 물건을 운송하는 사람이 있어야 하고, 그것을 어딘가에 파는 사람이 있어야 하며, 살 사람이 있어야 한다. 그렇게 생각하면 수많은 인연 속에서 바로 여기에 이것이 찻잔으로 존재하고 있는 셈이다. 이런 것들은 이성적으로 생각하면 할수록 누구나 공감할 수 있는 일이다. 이렇듯 세상 어디를 둘러보아도 일어나고 있는 일들은 전부 그렇게 되어 있다는 것을 '연기'라고 한다. 그러므로 연기라는 것은 설명만 하면 누구나 납득할 수 있고, 세계 본연의 모습을 말로 표현한 진리의 말이라고 할 수 있다. 그리고 '무상無常'도 마찬가지이다. 영원히 변치 않는 것이 있을까? 적어도 우리가 알고 있는 것 가운데 영원히 변하지 않는 것은 없다.

조금 전 예로 들었던 찻잔도 옛날에는 단순한 흙이었고, 얼마 지나지 않아 언젠가는 깨져서 쓰레기가 되기도 한다. 우리도 태어나서 언제까지나 아기가 아니고, 언제까지나 젊은이가 아니며, 언제까지나 살아갈 수는 없다. 모든 것은 변화해 나가는 법이다. 변하지 않는 모습을 갖고 있는 것은 아무것도 없다.

현대과학으로 생각해보면 지구는 46억 년 전에 탄생했다고 한다. 그렇다는 건 그 전에는 없었다는 것이다. 태양이라는 별도 앞으로 20, 30억 년이 지나면 마지막은 폭발하고 끝난다고 한다. 그 폭발은 태양계를 모두 덮어버릴 정도로 엄청난 폭발이므로 그때는 지구도 같이 녹아버릴 수 있다. 우주에 있는 태양급 별의 운명을 조사해보면 예외 없이 별은 수명이 있다는 것을 알 수 있다. 태양도 머지않아 언젠가 없어지고, 태양계 안의 지구도 없어진다면 결국 태양도 지구도 생명도 모두 무상인 것이다. 이것은 과학적인 근거가 있는 추론이고 가설이며, 신화가 아니다.

다음은 무아無我에 대해 이야기를 나눠보고자 한다. 무아라는 건 좀처럼 이해하기가 힘들다. 그 이유로는 두 가지가 있다. 먼저 '무아'라고 하는 말로 표현되고 있는 것은 명상을 통해 체험하지 않으면 알 수가 없다. 그리고 불교문헌을 읽을 때도 문헌적으로 자신이 아는 부분밖에 읽을 수 없고, 모르는 것은 그냥 그대로 넘어가는 그런 자세가 몰이해와 오해의 원인이 되고 있다고 생각한다.

그리고 또 하나 중요한 것은 무아를 '자아가 없는 것'이라는 식으로 이해하는 것은 본래의 의미와 어긋난다는 것이다. '무아'의 산스크리트 원어는 '안아트만Anātman'이다. '아ª'는 부정형이다. 즉, 아트만을 부정하는 것이다. 서양철학 용어 가운데 '아트만'에 가장 가까운 것은 '실체實体'다. 그래서 '비실체非実体'로 번역할 수 있다.

그러면 '실체'란 무엇일까? 그 자신의 힘으로, 즉 다른 사람의 힘을 빌리지 않고 그 자체로 존재할 수 있는 것이다. 그리고 그 자체의 본성, 즉 변하지 않는 본성을 가지고 있다. 그리고 영원히 존재한다. 이 세 가지 성질을 가지고 있는 것을 '실체=아트만'이라고 한다. 그런데 모든 것이 연기이고 무상하다면, 다른 것과의 연결고리도 존재하고, 성질도 변하고, 영원히 존재하지 않는 것이기 때문에 바로 '아트만'의 반대라고 할 수 있다. '그 자체로서 그 자체의 성질을 유지하면서 영원히 존재할 수 있는 것' 이것이 아트만의 정의다. 하지만 그런 것은 온 세상을 둘러봐도 어디에도 없다. 즉, '안아트만 =무아'라는 것은 이 세계에는 '실체라고 할 수 있는 것은 아무것도 없다'는 의미이다.

물론 우리의 자아도 연결 속에서 태어나 자라고 죽기 때문에, 실체가 될 수 없다. 태어나서 자라고 늙어서 죽어가는 과정은 있지만, 이것이 부모가 낳아주었다든가, 음식에 의해서 살아왔다든가 하는 연기에 의해 일정 기간 살아 있을 뿐이다. 언제까지나 젊다든가, 언제까지나 건강하다는 본성을 계속 가지고 살아가는 것은 아니다. 갓 태어난 아기 때부터 죽기 전의 노인에

이르기까지 우리는 변화하면서 살아간다. 변하지 않는 본성은 없다. 즉, '무아'라는 단어에는 '실체적인 자아는 없다'는 의미도 포함하고 있는 것이다.

붓다는 "세계 어디를 둘러봐도 실체는 없다, 실체로서의 자아自我도 없다"라고 하였다. 그러나 그것은 결코 변화하면서 과정을 따라가는 '현상現象으로서의 자아'가 없다는 것은 아니다. 단지 자아, 나라고 하는 것이 영원히 존재할 수 있다 또는 영원히 존재했으면 좋겠다고 생각하는 순간 그것이 '무명無明'이 된다고 말하는 것이다. 이러한 혼동이 일어나는 원인 중 하나는 한자어로 번역할 때 아트만을 '아我'라고 번역한 데서 찾을 수 있다. 이 '아'라는 단어에는 '나'라는 의미가 있기 때문에 큰 혼동이 생긴 것이라고 생각된다.

다시 말하지만 붓다는 존재하는 모든 것이 무아인 이상 "인간도 무아이다"라고 설법한다. 그것은 '자아가 없다'는 것이 아니라 '실체로서의 자아는 없다'는 것이다. 현상으로서의 자아와 인간은 뚜렷이 있고, 그 현상으로서의 인간이 어떻게 하면 평온하게 살고 죽을 수 있을까 하는 길을 붓다는 제시했을 뿐이다. 오히려 고민하면서 살다가 죽는 주체主體, 과정과 현상으로서의 인간과 자아를 인정하기 때문에 그것을 구하려는 붓다의 행위가 생겨난 것이다.

현대 용어로 바꿔 말하면, '관계성關係性'[연기]과 '시간성時間性'[무상]과 '비실체성非實体性'[무아], 우선 이것이 붓다의 가르침의 핵심이다.

그러나 필자의 생각으로는, 연기, 무상, 무아라는 것 이상으로 명상적 체험에 의해 파악되는 더욱 중요한 것은 '다르마dharma＝법法'이다. 팔리어로 '담마dhamma'라고 한다. 다르마는 '따타따tathata＝여如'라고 바꾸어 말할 수도 있다. 이것은 '있는 그대로의 세계'를 가리킨다. 그리고 그것이 어떤 세상인가 하면 붓다는 '세계와 나는 일체다', '자신과 일체인 것이 세계다'라는 식으로 파악한다.

'연기'이기 때문에 세상과 내가 분리되어 있고, 이쪽에 내가 있고, 저쪽에 세계가 있는 것이 아니다. 연기적 세계의 한가운데에 둘러싸여 있는 것이 '나'이다. 그것을 '따타따＝여'라고 표현하는 것이다. 즉, '세계와 나는 일체다'라는 것, 그것이 붓다가 보리수 아래에서 깨달은 다르마라고 생각된다.

붓다는 세상과 분리된 내가 있다고 착각하고 있기 때문에 고민했지만, 보리수 아래서 길고 깊은 명상 끝에 "아, 그렇구나! 새벽녘의 샛별과 나는 일체다", "나는 세계 그 자체구나"라고 깨닫고 붓다가 되었던 것이다. 현상으로서 무상인 것이 무상한 본성에서 영원할 수 있는 것이다. 영원히 운동을 계속하는 것이다. 운동하고 있으니까 항상성恒常性은 없다. 하지만 영원히 운동을 계속한다는 의미에서 운동 자체가 곧 영원하다는 것이다. 그러니까 '무상無常'이 '상常'인 셈이다. 우리가 '상'이라고 할 때, '시간을 피해서 변화를 하지 않는다, 움직임이 없다'라고 생각하기 쉽다. 그러나 움직임이 없다는 것은 생명도 없는 것이다. 모든 존재는 움직이고 또한 움직임이 있기 때문에 생명도 있다고 할 수 있는 것이다.

지금까지 불교의 본질적인 것, 현대에도 통하는 보편적인 진실, 연기, 무상, 무아, 법, 여를 설명하였다. 지금까지 본 것처럼 붓다의 개념은 하나만으로 이루어져 있는 것이 아니라 전체가 하나의 진리를 가리키기 위해 다양하게 설명되고 있다. 그러므로 '무아는 몰라도 연기만은 알 수 있다'라는 그런 일은 있을 수 없다. 무아와 연기와 법은 같은 말을 다르게 표현했을 뿐이다. 즉, '모든 것은 있는 그대로이며, 일체다' 그냥 '일체다'라고 해서 전체가 새하얗다, 새카맣다, 혼돈이다, 이런 건이 아니다. 각각의 현상은 뚜렷이 있다.

각각의 현상은 모두 연기적으로 연결되어 있고, 하나의 전체를 나타내고 있다. 그렇지만 계속 움직이고 있다. 한시도 쉬지 않고 전부가 운동하고 있다. 이런 것을 한마디로 말할 수 없기 때문에 '연기'라고 하거나, '무상', '무아'라고 하거나, '여'라고 하거나, 그것들을 정리하여 '다르마＝법'이라고 하는 것이다.

그런데 '모두 인연으로 이루어져 있다'라고 하는 경우, 그 인연은 어디까지 펼쳐지고 있는 것일까? 사실 지금 이 순간에도 우주 전체에 인연이 닿아 있다. 지금 당신이 그곳에 있다는 것은 우주의 인연을 모두 받고 있는 것이다. 그리고 그것은 이성적으로 논증할 수 있다.

지금 당신은 의자에 앉아 있다고 하자. 의자는 의자만으로 존재할 수 있을까? 바닥에 의해 지탱되고 있다. 그럼 바닥은 무엇에 의해서 지탱되고 있는가? 건물 전체다. 건물은 땅이 받치고 있다. 이 땅은 사람이 마음대로 붙인 지명으로 부르면 '○○동'이라고 하는 것이 된다. 그런데 '○○동'은 '○○구'라던가, '○○시' 전체로 이어져 있다. '구'나 '시'는 나라 전체에 연결되어 있다.

이미 알고 있듯이 일본과 중국도 연결되어 있어서 분리되어 있지 않다. 해저로 연결되고, 바다로 연결되며, 공기로 이어지고, 하늘로 이어지며, 단단하게 여기저기 연결되어 있다. 즉, 이 순간 이 자리에 당신과 내가 앉아 있는 것은 전 지구의 연緣인 것이다. 또한 이 지구도 지구만으로 존재할 수 있을까? 우주 공간도 필요하고 태양이나 다른 행성과 적당한 인력引力 관계가 없으면 이곳에 지구가 존재할 수 없다. 지구도 우주 공간에서 적당한 위치에 있어야 한다. 지구가 태양에 좀 더 가까웠다면 뜨거워서 타죽고, 좀 더 멀었다면 모두 얼어 죽게 된다. 태양과 적당한 거리에 위치함으로써 지구의 모든 생명이 살 수 있다. 이 순간도 태양과의 인연으로 살고 있는 것이다.

더욱이 태양은 단지 자기 힘으로 저 위치에 있는 것인가 하면 이것 또한 아닌 것 같다. 하늘의 강인 은하수 전체의 별들의 움직임과 중력의 관계성 속에서 태양은 그곳에 있는 것이다. 은하계 전부가 있고, 또한 태양이 그 장소에 있고, 지구가 여기 있다. 이 모든 것이 내가 여기에 있다는 것과 전부 연결되어 있는 것이다. 다른 별, 다른 은하, 우주 속의 모든 다른 것들과의 질량, 인력, 관계 속에서 지금 이런 은하가 있다는 것이다.

그래서 우주 전체와 내가 지금 여기에 앉아 있는 것이 연결되어 있다는 것은 의심의 여지 없이 확실히 확인할 수 있다. 즉, 인연이 여기까지 펼쳐져 있는 것이다. "연결은 우주 전체에 펼쳐져 있고, 우주와 나는 일체이다." 이 사실은 불교학의 전문가이든 아니든 모두 납득할 수 있을 것이다. 냉정하게 생각할 수 있는 사람이라면 반드시 납득할 수 있을 것이다. 아무리 작은 부분이라도 우주와 분리된 부분이라고 하는 것은 내 안에 하나도 없다. 우리는 우주와 분리하기 어려운 우주의 일부다. 분리된 우주 전체와 연결되어 있는 우주의 일부다. 이것은 있는 그대로의 사실 '여如'라고 하는 것으로, 『법화경法華經』의 '제법실상諸法實相'이라고 할 수 있다. 이러한 제법실상의 모습을 볼 수 없는 사람, 요컨대 분별지分別知와 무명에 의해 방황하고 있는 중생을 가르치고 구하는 것이 불교의 본래 자세다.

통불교적인 불교의 근간에 있는 다르마의 정수를 굳이 말로 표현한다면 이상과 같은 것이 되지 않을까 생각한다. 붓다의 깨달음의 내용이라고 해도 좋을 것이다. 이런 부분들을 적어도 머리로만이라도 이해한 후에 아함경전을 읽어보면 전체적으로 의미 있게 읽을 수 있다.

연기로 돌아가서 말하면 십이연기는 본래 무분별의 세계인 '여(있는그대로)'의 모습에 대해서 인간은 왜 잘못 생각하는가 하는 그 원인을 더듬어 가면, 마지막에 가서 무명과 만난다고 하는 통찰이라고 해석해도 좋을 것이다. 말할 것도 없지만, 앞서 말한 연기, 무상, 무아, 여, 법이라는 말은 초기불교 경전 속에 확실히 있는 것이다. 그리고 더 나아가 관점은 약간 다르지만, 그것과의 관계를 말하고 있는 것이 '고苦'라고 하는 단어이다. 요컨대, 연기이며, 무상이며, 무아며, 일여一如고, 진여眞如인 세계를 무명의 눈으로 봐버리기 때문에, '고苦'가 일어난다는 것이다.

자신은 다른 사람과의 관계에서 존재하지만 다른 사람과의 관계를 무시하고, 모든 것은 변하는 것이 자연스럽지만, 변하지 않기를 바란다. 심지어 자기 자신을 포함해 모든 것이 실체가 아닌데도 실체인 것처럼 여기고, 실체이기를 바라고 그것에 집착한다. 거기에서 고苦, 즉 괴로움이 일어난다고 하는 것이 기본적으로 괴로움을 파악하는 방법이다.

그러므로 무명이 있기 때문에 괴로움이 있는 것이다. 무명이란 다르마를 볼 수 없는 것으로, 다르마를 볼 수 없는 무명이 있기 때문에 괴로움이 있다. 그 괴로움으로부터 해방되기 위해서는 다르마를 제대로 보는 것, 깨닫는 것이 필요하다. 깨달음에 의해 괴로움으로부터 해방된다는 것이다. 여기서 이제까지 붓다의 가르침의 기본이 되는 사제四諦에 대해서 필자의 이해를 간단하게 언급하고자 한다.

우선 첫 번째 고제苦諦는 무명에 사로잡힌 보통의 인간·범부에게는 참으로 여러 가지 괴로움이 있다는 것이다. 이미 잘 알다시피 괴로움의 대표적인 것이 태어나는 괴로움, 늙는 괴로움, 병드는 괴로움, 죽는 괴로움의 네 가지 괴로움四苦이다. 여기에 더해서 사랑하는 것과 헤어져야 하는 괴로움, 싫어하는 것을 만나야 하는 괴로움, 원하는 것을 얻을 수 없는 괴로움, 인간 존재의 다섯 요소가 활발히 일어나는 괴로움이라는 네 가지 괴로움이 있으며, 앞의 네 가지와 합하여 여덟 가지 괴로움八苦이 된다.

기존의 불교인들의 설법은 대개 이런 괴로움에 대한 이야기로부터 들어가기 때문에 불교는 매우 어두운 종교라는 인상을 주곤 했다. 하지만 불교의 가장 중요한 점은 오히려 이 다음의 이야기라고 필자는 파악하고 있다. 이러한 괴로움에 대해서 괴로움의 근원은 무명이라고 하는 것이 집제集諦다. 그리고 무명이 원인이라면 무명을 없앰으로써 괴로움도 없앨 수 있다는 것이 멸제滅諦다. 게다가 어떻게 하면 괴로움이 없어지는지, 다르마가 보이는지, 무명이 극복되는지, 그러기 위한 방법이 있다는 것이 도제道諦다. 사제는 이런 구조로 되어 있는 것이다.

불교가 애당초 해야 할 일은 '인생에 많은 괴로움이 있다는 것을 인정하고 공감하며(고제), 그런데 거기에는 원인이 있다고 해서 원인을 알려주고(집제), 그 원인을 없애버리면 괴로움을 없애버릴 수도 있으며(멸제), 그러기 위한 방법에는 이러한 방법이 있다(도제)'라고 제시하는 것이다. 이것이 사제의 구조에 그대로 들어맞고 있다.

붓다의 도제는 잘 알려져 있듯이 팔정도八正道다. 바른 견해(정견正見), 바른 생각(정사유正思惟), 바른 말(정어正語), 바른 행동(정업正業), 바른 생활(정명正命), 바른 노력(정정진正精進), 바른 알아차림(정념正念), 바른 선정(정정正定)을 행하면 무명無明을 극복할 수 있다는 것이다. 하지만 옛사람들에게는 일상생활에서 이런 여덟 가지 항목을 제대로 이해하거나 매일 실천한다는 것은 매우 어려웠을 것이다. 붓다 이후 불교에 여러 분파가 생긴 것을 긍정적으로 해석하면 그 시대 시대에 걸맞은 도제가 고안되었기 때문일 수도 있다. 물론 부정적으로 해석하면, 붓다 본래의 불교에서 각 파의 고집에 따라서 어긋나버린 측면이 있다는 것도 지적할 수밖에 없을 것이다.

그러나 현대에서도 시대에 걸맞은 도제를 제시할 수 있다면, 각 종파가 개성을 갖고 있다는 것을 원점에서도 허용하는 셈이다. 물론 도제 부분은 어디까지나 방편이기 때문에 현대적인 방편을 도출해내기 위해서는 원점을 확인해 놓고 이제까지 불교의 자산 가운데 현대의 방편으로 가장 쉽게 활용할 수 있는 교학을 찾는다면, 필자의 판단으로는 유식이 현대인에게 매우 적절하다고 생각한다.

필자는 불교를 임제종臨濟宗 계통의 선禪을 통해서 시작했지만, 선은 알다시피 불립문자不立文字라고 해서 말로 하거나 이론화하는 것을 싫어한다. 좌선이라는 실제 수행을 계속하여 체험적으로 알게 된 적은 있었지만, 이론적으로도 확실히 알고 싶어서 30년 전에 좌선의 스승인 아키즈키류쵸秋月龍珉 선생님에게 "깨달음이나 번뇌라고 하는 것을 인간학·심리학적으로 해명할 수 없습니까?"라는 질문을 했다.

그러자 아키즈키 선생님은 "불교교학 중에 심리학적으로 가장 정통한 것으로 유식이라는 것이 있네"라고 한마디만 하셨다. 그렇게 선생님의 말씀을 듣고서야 유식을 알게 되었다. 그래서 유식을 공부해보려고 생각한 것이다. 그리고 공부하다 보니 나중에 말하겠지만 번뇌와 깨달음의 구조가 실제로 잘 설명되어 있다.

그 이후 계속 불교 쪽을 향해서는 "불교 가운데 이런 좋은 것들이 있는데, 다 활용하지 않는다. 아깝다. 이거 안 쓰면 손해다"라고 말했고, 서양심리학 쪽을 향해서는 "부족한 점, 얕은 곳을 유식으로 보완하고 유식과 현대심리학, 특히 임상심리학을 잘 통합하면 서로에게 매우 생산적인 것이 나오지 않을까요"라고 제안하고 있지만 현재로서는 좀처럼 "그렇게 합시다"라는 이야기가 나오지 않는다.

이야기를 원점으로 돌리면, 팔정도 중에서도 특히 '바른 선정正定'은 옛사람들에게는 어려워서 좀처럼 할 수 없었다. 그러나 그러한 경우, 비록 정정正定을 할 수 없거나 깨달음을 얻지 못하더라도, 정견과 정사유를 능숙하게 하는, 즉 사물을 올바르게 보고, 생각할 수 있다면 번뇌가 상당히 가벼워진다. 사물을 바르게 보고 생각하기 위한 방법으로 합리적 정서행동치료가 뛰어난 현대적인 시스템이라고 필자는 평가하고 있다.

<u>3</u>

대승불교의
공사상 空思想

　　　　　　　　　불교의 가르침의 흐름이 유식에 도달하는 과정을
다시 한번 살펴보면, 여기에 연기, 무상, 무아, 고, 진여眞如, 일여一如라는 개
념이 갖추어졌다. 부가적으로 '무자성無自性'이라는 개념이 있다. 자성이란
'변하는 것이 없는 그 자체의 본성'이라는 의미로서 그러한 본성은 없다는
것이다. 이러한 연기, 무자성, 무상, 무아, 고, 진여, 일여라는 개념을 어떤 의
미에서는 정리하고, 어떤 의미에서는 깊이 있게 한마디로 표현한 것이 대승
불교의 공사상이다.

　우선 '무자성'은 '모든 것은 연기에서 일어나기 때문에 인연이 바뀌면 성
질도 바뀐다'고 하는 것이다. 알기 쉬운 예를 들면, 나라고 하는 사람이 있는
것처럼 생각하지만, 학생에게는 선생님, 아내에게는 남편, 딸에게는 아버
지가 된다. 즉, 관계성에 따라 성격이 달라진다는 것이다. 나보다 나이 많은

사람이 보면 젊은 사람이고, 나보다 나이 어린 사람이 보면 아저씨가 되고, 나와 친한 사이로 내가 여러 가지 도움을 준 사람에게 나는 친절한 사람이 된다. 나와 상관없는 사람은 나를 남이라든가 차가운 사람이라고 생각하기도 한다. 그렇게 보면 나에게 변함없는 아버지, 남편, 선생님이라고 하는 본성이 있는 것이 아니라 관계성에 따라서 성질이 달라지는 것이다.

또한 과거에 내가 젊었다고 하는 성질은 무상이기 때문에 지금에 와서 어떻게 생각한들 젊어지지 않으며, 살아 있다는 성질도 결국은 죽게 된다. 원래 원점인 생명 그 자체도 변하지 않는 생명이라는 본성이 백 년 전부터 있었다거나, 백 년 후에도 있는 것은 아니다. 생명이 없던 곳에서 생명이 생기고 어릴 때를 지나 장성하여 장년이 되어 나이를 먹고, 그리고 생명이 다하여 죽어가는 것이다.

그러므로 변하지 않는 그 자체의 본성을 가진 것은 아무것도 없다는 의미에서 '무자성'이라고 하는 것이다. 그런 식으로 연기에 의존하지 않고 일어나는 것은 아무것도 없고, 평범한 것은 아무것도 없으며, 그 자체로 변하지 않는 본성이라는 것은 없다. 즉, 실체성이 없다는 것이다.

그리고 고苦란 무엇인가 하면, 자기 마음대로 생각했다가 자신의 뜻대로 되는 것은 아무것도 없다는 것이다. 영원히 살고 싶어도 죽고, 계속 건강하게 지내고 싶어도 병이 나고, 젊어지고 싶어도 늙는 것이다. 이렇듯 유감스럽게도 세계는 실체화된 자신의 요구대로 되도록 되어 있지 않다.

그래서 대승불교에서 말하는 '공空'은 단지 아무것도 없는 것이 아니라, '인연에 의지하지 않고 일어나는 것은 아무것도 없다'는 것이다. 항상한 것은 없고, 자성이 있는 것은 없으며, 실체라고 할 수 있는 것은 아무것도 없다.

따라서 궁극적으로는 "생각대로 되는 것은 아무것도 없다"라고 하는 것을 한마디로 말한 개념이라고 생각해도 좋을 것이다. 이러한 "모든, 없다, 없다, 없다"라고 하는 부정적인 뉘앙스를 한마디에 담은 것이 '무'라든지 '공'이라고 필자는 이해하고 있다.[4]

하지만 깨달음은 단순한 개념, 관념이 아니라 체험이다. 선정이 깊어져 가면 마음속에 나타나는 특정한 개별적인 이미지나 말은 아무것도 아닌 것이 되어버리지만, 그럼에도 불구하고 확실히 깨어 있는 의식상태가 된다. 그 체험을 말로 표현하자면, '아무것도 없다'라고 해도 되고, '세상과 나는 일체다'라고 해도 좋다. 공이라든가, 무 또는 일여라든가, 진여라고 하는 것은 모두 깨달음의 체험을 표현한 것이다.

덧붙이자면, 공은 영어로 번역할 경우 '엠프티네스emptiness'라고 하는 경우가 많은데, 굳이 말하자면 공이라는 용어를 선택한 것은 대승불교의 실패였던 것이 아닌가, 적어도 이것을 주요 개념으로 한 것은 잘못되었다고 필자는 생각한다.

원어로 '수냐sunya'는 원래 '제로zero'라는 의미이다. 텅 비거나 아무것도 없다는 의미이므로 말의 뉘앙스부터 오해를 사기 쉽다. 듣자마자 오해할 만한 말을 주요 개념으로 선택한 것은 서툴렀다고 느껴진다. '자칫 잘못하면 허무주의에 쉽게 빠질 수 있겠구나'라는 느낌이 든다.

특히 『팔천송반야경八千頌般若經』 같은 반야경전에서 이런 식의 나열을 읽다 보면 읽는 사람에게 '모든 것은 공허하다'라는 인상을 줄 위험이 있지

---

4   岡野守也(2004), 『よくわかる般若心経』, PHP文庫.

않을까 싶다. 그래서 나중에 『법화경法華經』 계통의 사람들은 '실상'이라고 말하고 싶어졌을 것이다. 그 경우 제법공상諸法空相과 제법실상諸法實相은 같은 말을 하고 있는 셈이다. 덧붙여 말하면, '여如'라든지 '여시如是'라는 말도 있다.

『법화경』 계통의 사람들은 확실하게 '공'이지만 그것을 언어로 표현하는 경우 '여如'라든가 '제법실상'이라고 하는 것이 오해를 불러일으키지 않았을 것이라고 생각한 것이다. 특히 중생구제를 위해, 전도를 위해, 포교를 위한 캐치프레이즈로 사용하는 단어로서는 제법실상, 여, 여시, 진여 등이 뉘앙스로서 긍정적이고 희망적이다.

매우 흥미롭다고 생각되는 것은, 초기 대승불교에서는 '공'이라는 용어를 채용했기 때문에, 내외적으로 오해를 불러일으켰기 때문에 그 오해를 풀기 위해 보다 상세한 교학이 만들어졌다는 사실이다. 그 공에 대한 오해를 풀기 위해서 만들어진 교학이 유식이라고 필자는 생각한다. 이것은 말하자면 뜻밖에 좋은 결과를 낳게 된 것이라고 해도 좋지만 어떤 의미에서 유식은 불교사상의 발전에서 일어날 만해서 일어난 것이라고 이해할 수 있다. 더욱이 인류의 정신사精神史, 사상사思想史적으로도 일어나야 할 때 일어난 것이라는 느낌이 든다.

제1부
—

유식불교의 기본적인 가르침

서론이 조금 길었지만 여기서부터는 드디어 유식에 들어간다. 『반야경』 계통의 경전은 대승불교 최초의 경전이라고 알려져 있다. 가장 오래된 것은 공통기원 1세기 전후에 성립했을 것이라고 한다. 그런데 대승불교에서는 '공'이나 '무'라고 했기 때문에 "그들은 허무주의자다, 모든 것은 허무하다, 아무것도 없다, 공허하다는 그런 말만 하는 허무주의자다"라는 오해가 불교 안팎에서 일어난 것 같다. 그래서 "우리가 정말로 말하고 싶은 것은 그런 것이 아니다"라고 변명을 시작한 사람들이 있었다. 바로 미륵彌勒, 무착無着, 세친世親 등 유식학파의 승려들이다.

　　대표적으로 무착이 『금강반야경金剛般若經』에 대한 주석서를 저술한 것에서도 알 수 있듯이, 유식학파는 공사상에 입각하고 있다. 오히려 그들이 '유가행파瑜伽行派'라고 불리는 것에서 알 수 있듯이, 불교적인 요가, 즉 선정을 굉장히 많이 한다. 그 선정체험을 통해 스스로 공을 체험하면서, '공'과 같이 언뜻 보기에 부정적으로 들리는 말로 표현되는 진리의 내용을 '대승불교가 말하고 싶은 것이 이런 것이구나'라고 다시 설명해 나간 것이 유식교학이라고 생각해도 좋을 것 같다.

대승불교의 공사상에서 유식사상으로 이어지는 흐름 속에서, '고'를 받아들이는 방식이 그 이전과는 약간 달라진다. 즉, 지금까지 말한 것처럼 '법＝진리'가 보이지 않기 때문에 괴로움이 생기지만, 그러한 괴로움의 밑바탕에 있는 것이 '무명'이며, 그 무명의 정체가 무엇인가 하면, 요컨대 '분별지分別知'라는 것이다.

본래 연기인, 즉 연결되어 있는, 더 나아가 진여·일여, 즉 자신과 세계는 일체임에도 불구하고, 자신과 세계, 자신과 세계의 여러 가지 것이, 모두 뿔뿔이 분리되어 있다고 착각해버리는 것이 '분별지'다. 그리고 이 분별지가 무명이므로, 무명이 있기 때문에 괴로움이 있다. 그러므로 괴로움을 없애려면 무명·분별지를 극복하면 된다는 것이다. 분별지를 극복했을 때 보이는 세계의 참 모습을 지금까지 들어본 몇 가지 말로 표현한 것을, 같은 의미이지만 여러 가지 다른 말들로 표현하고 있는 것이라고 생각해도 좋을 것이다.

그리고 그러한 분별지·무명의 마음과 깨달음의 마음이, 마음의 구조로서 어떤 것으로 되는지를 체계적이고 구조적으로 설명한 것이 유식이라고 해도 좋을 것이다. 그런 의미에서 필자는 유식을 '대승불교의 심리학'이나 '번뇌와 깨달음의 심리학'이라고 평가하고 있다.

여기에서는 심리학, 특히 합리적 정서행동치료와 통합하기 위해 필요한 범위 안에서 유식의 중요한 지점을 서술하고자 한다. 먼저 다음과 같은 유식의 기본 용어를 이해하면 유식의 중요한 포인트를 이해할 수 있을 것이다.

| 표 1 | 유식의 기본 용어

▼ 삼성三性

변계소집성遍計所執性(분별성分別性)

↓

의타기성依他起性(의타성依他性)

↑

원성실설圓成實性(진실성眞實性)

▼ 팔식八識 → 사지四智 … 전식득지轉識得智

알라야식阿賴耶識 → 대원경지大圓境智

말나식末那識 → 평등성지平等性智

의식意識 → 묘관찰지妙觀察智

오식五識(안이비설신) → 성소작지成所作智

▼ 오위五位

자량위資糧位, 가행위加行位, 통달위通達位, 수습위修習位, 구경위究竟位

▼ 육바라밀六波羅蜜

보시布施, 지계持戒, 인욕忍辱, 정진精進, 선정禪定, 지혜智慧

▼ 열반涅槃(4종)

본래청정열반本來淸淨涅槃, 무주처열반無住處涅槃, 유여의열반有餘依涅槃,
무여의열반無餘依涅槃

1

사물을 보는
세 가지 패턴 발견
삼성설

앞서 말했듯이 대승불교의 반야경전 계통은 '공^空'

이라는 핵심 용어를 자신의 사상으로 선택했기 때문에 대외적으로 오해를
불러일으키는 결과를 가져왔다. 그것에 대해 오해를 초래하지 않도록 상세
한 설명과 이론 체계를 만든 것이 유식이라고 생각한다. 그래서 대승불교로
서는 완전히 발전된 형태, 게다가 상당히 발전한 것이라고 필자는 평가하고
있다.

첫째, 지금까지 없었던 유식의 뛰어난 사고방식 중 하나가 바로 '삼성설
三性說'이다. 이것은 인간의 마음을 움직이게 하는 방식을 세 가지 패턴으로
도출하고, 그 가운데 두 가지를 조합하여 번뇌의 마음이 기능하는 방법, 깨
달음의 마음이 기능하는 방법을 매우 교묘하게 파악한 것이다.

요컨대 자신과 세계의 여러 가지 것이 분리되어 있다고 보는 견해를

이전에는 '분별' 또는 '분별지'라고 부르던 것을 하나의 패턴으로서 '분별성 分別性'이라고 부르고 있다. 이는 중국에 처음으로 유식을 본격적으로 소개한 진제眞諦 삼장의 번역이다. 이후 현장玄奘 삼장은 '변계소집성遍計所執性'이라고 변역하고 있다. 그 내용은 간단히 말해서, 모든 존재가 분리·독립되어 있다, 따로따로 존재한다고 보는 관점이다.

특히 '변계소집성'은 '널리 헤아리고 계산하여 거기에 집착한다', 즉 '모든 것이 각각 따로따로 존재한다고 생각하여 집착한다'라는 의미이다. 하지만 모든 것이 나누어져 있고, 나누어져 있다고 보는 관점에서는 '분별성'이라는 번역이 단적으로 알기 쉽다고 생각한다. 어느 쪽이든 원어는 같지만 한역될 때 두 가지로 번역되었다.

그래서 분별성이 어디에 문제가 있는가? 라고 하면, 가장 큰 문제는 세상과 내가 분리되어 있고, 세상에는 생명 아닌 것이 가득하며, 그것과는 별도로 나의 생명과 마음이 있다는 식으로 생각하는 것이다.

생명이 아닌 바깥 세상과 내 목숨은 완전히 분리된 전혀 다른 것이었고, 게다가 나는 결국 목숨이 없어진다고 생각하면 죽음의 공포가 느껴진다. 다른 생명과 나 자신이 분리되어 있다고 생각하면, 그것에 대한 집착이 일어나거나, 반대로 적의가 일어나거나 하는 등 여러 가지 문제가 있는 마음이 일어나게 된다.

어떤 마음의 문제가 생기는지에 대해서 유식은 번뇌론에서 매우 상세하게 논하고 있다. 이것은 나중에 설명하겠지만, 그 번뇌론이나 삼성설 등은 현대 인간의 마음을 분석하는 도구로도 그대로 사용할 수 있다고 생각한다.

번뇌에 대해서는 나중에 이야기하고, 우선 모든 것은 '나누어져 있다'라고 파악하는 견해가 왜 일어나는지를 생각해보자. 이것은 대승불교의 최초이자 최대 이론가라고 불리는 용수龍樹가 분명히 밝힌 것으로, 인간이 언어를 사용해 세계를 인식하는, 특히 명사를 사용해 세계를 인식하는 것에서 문제가 생긴다는 것이다.

여기서는 벚꽃을 예로 들어보겠다. 여기에 벚꽃이 피어 있다고 하자. 우리는 꽃을 보았을 때 마음속으로 '아, 여기에 꽃이 있구나'라는 식으로 말을 한다. 꽃이 피었다는 것을 말을 사용하면서 인식했을 때 무슨 일이 일어나고 있는가 하면, 대부분 마음속에서는 꽃이 피기 위해서는, 예를 들어 가지가 없으면 안 된다는 것을 쉽게 잊어버린다. 게다가 가지가 있기 위해서는 줄기가 없으면 안 된다는 것은 점점 의식에서 희미해져 간다. 줄기와 가지, 잎과 꽃이 있기 위해서는 뿌리가 없으면 안 된다는 것을 거의 의식하지 않는다.

더 곤란한 것은 그 꽃이 피기 위해서는 그 나무의 부모나무, 그 위의 조상나무들이 수십억 년 동안이나 목숨을 이어왔다는 것이고, 그렇기 때문에 여기에 지금 한 그루의 벚나무가 있다는 것을 전혀 의식하지 못한다는 것이다.

벚나무가 꽃을 피우기 위해서는 햇볕이 필요하고, 뿌리에서 빨아들이는 수분과 영양분이 필요하다. 땅속에 수분이 있으려면 비가 내려야 한다. 비가 내리기 위해서는 구름이 필요한데, 그 구름은 수증기로, 하늘 위에 떠 있는 구름의 원천이 되는 물은, 예를 들어 태평양 부근의 바닷물이 태양의 열에 의해 수증기가 되어 구름이 된 것이다. 그리고 광합성을 하기 위해서는 공기 중의 이산화탄소도 필요하다.

그렇다면 한 송이 꽃이 여기에 피어 있는 것은 가지가 있고, 줄기가 있으며, 뿌리가 있고, 조상 나무가 있으며, 대지가 있고, 공기가 있으며, 태양이 있고, 물이 있고, 물의 근원인 구름이 있고, 그리고 언뜻 보기에 관계없을 것 같은 바다가 있고, … 라는 무수한 인연 덕분에 지금 한 송이 '꽃'으로 존재하고 있다는 것이다.

그런데 꽃이 피기 전에는 꽃봉오리였고, 꽃봉오리 전에는 꽃은 없었다. 그리고 지금은 꽃이지만 이윽고 꽃잎이 떨어지고, 땅바닥에 떨어져서 한동안은 꽃잎이지만, 점점 쓰레기가 되어 간다. 그리고 유기물이 되어 지렁이가 먹거나 다른 식물의 비료로 사용되거나 벚꽃도 아닌, 꽃도 아닌 것이 된다. 하지만 지금은 생생하게 벚꽃으로 피어 있다. 꽃이 지금 생생하게 피어 있는 현상이 있는 것은 확실하다. 하지만 그것만으로 언제까지나 존재하는 것은 아니다.

그런데 그걸 '벚꽃'이라는 명사로 인식하면 벚꽃만이 실체로 있는 것 같은 느낌이 든다. '꽃'이라는 말을 사용하면, 연기도 없고, 무상도 없고, 무자성도 아니고, 실체로서의 '꽃'이 있는 것 같은 착각에 빠져버린다. 그렇게 생각되어버린다.

이것은 인간이 언어를 사용해서 세계를 보기 때문에 말에 대응하는 실체가 있는 것처럼 착각하게 된다는 것이다. 이것은 인간이 언어를 사용하는 동물이기 때문에 오는 어쩔 수 없는 모종의 착각이라고 할 수 있다. 그러나 용수와 같은 대승불교 이론가들은 이것이 착각임을 간파했다.

이러한 분별성으로 사물을 보는 방법은 꽃에 대해서라면 그다지 문제가 되지 않지만, 가장 문제가 되는 것은 나 자신에 대한 것이다. 우리는 '자신은 실체가 아니다'라고 하면, 일단은 그렇다고 생각하지만, 결코 진심으로 그렇게 생각하지 않는다. 실체로서의 자신이 있다, 또는 있을 것이다, 있어주었으면 좋겠다고 강하게 믿고 있다. 그렇기 때문에 우리는 죽고 싶지 않다고 생각하는 것이다.

죽는 것을 자연스럽다고 생각하지 않는 것은 왜일까? 자연스러운데도 자연스럽게 생각되지 않는 첫 번째 이유는 자신은 세계와 분리되어 실체적으로 존재하고 있다, 또는 존재하고 싶다고 착각하기 때문이다. 그 바탕이 되는 사물을 보는 기본 패턴이 '분별성·변계소집성'이다.

그런데 실제로는 실체라고 생각하고 있는 꽃이든, 실체라고 생각하고 있는 자신이든 다른 것(사람이나 물건)과의 연결이 없다면 존재할 수 없다. 나는 사실 아버지나 어머니, 할머니, 할아버지가 없으면 여기에 존재하지 않는다. 또한 평소 말하고 있을 때도 거기에 상대가 있기 때문에 말하고 있는 것이다. 내가 원고를 쓰는 경우에도 독자를 예상하고 있다. 그러므로 내가 있고, 내가 무엇을 하고 있는가를 생각하더라도 거기에는 관련된 다른 것들이 있다.

오히려 우리가 세상에 태어난 것은 아버지나 어머니, 할머니, 할아버지, 증조할머니, 증조할아버지라고 하는 조상님의 생명과 관계가 있기 때문이고, 예를 들어 사람이 무엇인가를 할 때 그 에너지는 누구 또는 무엇 덕분에 얻고 있는가 하면, 태양의 덕택이다.

그렇게 보면 세계는 바로 연기·연결 관계의 세계이다. 그러한 연결 관계를 보는 견해를 다른 것에 의거하는 성질, 즉 '의타성依他性'이라고 한다. 보다 동적으로 파악하면 '의타기성依他起性', '의타성'은 다른 것에 의지해서 일어나고 있는 성질이라고 한다.

이것은 그 이전의 불교 용어로 말하면 '연기'와 동일한 것이다. 다만 종래와 다른 용어를 사용하는 것은 유식에서는 그것을 사물을 바라보는 패턴 중하나로 다루고 있기 때문이다.

전통적인 유식학에는 '세계는 모두 마음이 만들어낸 것'이라는 유심론적인 사고방식도 포함되어 있기 때문에 사물을 보는 방법은 세계의 존재 방식이 되지만, 이 책에서는 그러한 복잡한 이론적인 문제는 남겨 두고 사물을 보는 패턴으로만 해석하고자 한다.

보통 사람＝범부＝헤매고 있는 사람은 모든 것을 나누어놓은 것, 흩어진 것, 특히 나라는 것이 다른 것과 나뉘어 있다고 생각한 후에 다른 사람과의 관계가 나올 것이라고 생각한다. 즉, 분별성으로부터 이타성의 세계를 보는 셈이다.

물론, 다른 사람과의 관계가 전혀 없다고는 생각하지 않는다. 하지만 내가 먼저 있고, 나와 관계있는 어떤 사람, 관계없는 사람이라는 식으로 실체로서의 자신을 먼저 고정시키고, 그것을 바탕으로 해서 다른 사람과의 관계를 생각하는 것이다.

사물을 그렇게 보는 방법, 즉 분별성으로부터 의타성(변계소집성으로부터 의타기성)의 사물을 보는 방법을 보면, 좀 더 일반적으로 말하면, 뿔뿔이 흩어진 자신으로부터 관계를 살펴보면, 자신의 경우를 중심으로, 좋아하는 사람, 싫어하는 사람, 관계없는 사람이라는 식으로 세계가 나뉘어 보인다. 모든 일을 좋아하는 것과 싫어하는 것과 관계없는 것으로 나누며, 좋아하는 것은 실체적인 내가 언제까지나 유지하고 싶은 것이고, 싫어하는 것은 멀리하고 싶고, 없애고 싶고, 말살하고 싶은 것이고, 관계없는 것은 어떻게 되든 내가 알 바 아니다는 태도가 된다. 이게 기본적인 패턴이다.

그런데 모든 일을 제대로 살펴보면 관계성이 먼저 있다는 것을 알 수 있다. 즉, 연기다. 특히 현대에 와서는 자기 혼자 사는 것처럼 생각하는 사람들이 많은데, 애초에 부모님이 낳아주지 않았다면 자기는 여기에 없다. 혼자 산다고 해봤자 물을 열흘 정도 마시지 않으면 말라버리는 것이 현실이다. 공기는 단 3분 동안 마시지 않으면 죽는다. 다른 생명이나 생명이 아닌 것, 그런 것과의 관계 덕분에 50년이나 100년 정도 목숨을 부지하고 있을 뿐이다. 관계가 없었다면 존재하지 않았다.

그래서 관계가 먼저다. 즉, 이것을 연기의 세계에서 사물을 보는 패턴으로서 끄집어낸 것이 의타성·의타기성이라는 것이다. 그러한 관계·연기는 본격적인 수행으로는 두 가지 방법, 즉 이론적으로 통찰洞察해나가는 방법과 명상적으로 직감直感해나가는 방법을 통해서 살펴보겠지만, 여기에서는 이론적 측면에서 살펴보겠다.

예를 들어, 사람이 의자에 앉아 있다고 하자. 잘 생각해보면 그 의자와 다리를 바닥이 지탱하고 있다. 바닥을 건물이 지탱하고 있고, 대지가 지탱하고 있고, 결국 지구가 지탱하고 있다. 그리고 태양계, 은하수, 우주가…라는 식으로 모든 것에 연결되어 있어서 일체이고 하나인 것을 알 수 있다. 사물을 이렇게 보는 방법을 '진실성眞實性' 또는 '원성실성圓成實性'이라고 한다. 원만하게 완성된 진실의 성질이다. 전통적인 용어로는 '진여眞如'나 '일여一如'나 '실상實相'이라고 한다.

정말로 깨달은 사람은 모든 것이 일체一切라는 걸 분명히 보고 있다. 그러나 일체라고 해도 그것은 새하얗다든가, 새까맣다든가, 혼돈상태라고 하는 아무런 구별도 없는 상태가 아니라, 일체이면서도 구별은 있는 것이다. 구별이 있는 것 전부가 연결되어 있다. 본질적으로는 일체의 것이, 현상적으로는 각각의 모습을 가지고 서로 연결되어 세계를 이루고 있다. 그런 식으로 진실성으로부터 의타성의 세계를 볼 수 있는 것을 '깨달음'이라고 생각한다.

'모든 것이 관계성의 세계이다'라고 하는 것은 보통 사람＝범부도, 깨달은 사람＝붓다도 공유할 수 있지만, 양자가 보는 각도는 정반대이다. 범부는 제각각에서 연결을 보고 있지만, 붓다는 하나의 세계에서 연결의 세계를 보고 있다.

동일한 연결의 세계, 연기의 세계를 보고는 있지만, 일여에서 연기를 보느냐, 분별에서 연기를 보느냐에 따라 전혀 다른 세계로 보인다. 범부적인 분별성으로부터 의타성의 사물을 보는 방식, 제각각인 것으로부터 연결된다고 보는 방식을 가지고 있으면 필연적으로 번뇌가 일어나는 것이다.

최근 사상계에서는 '관계성'이라는 말도 자주 사용하고 있지만, 그래도 보통 인간은 결국 제각각인 것이 연결된다고 생각해버린다. 그러나 그것이 아니라 원래 하나의 사물이 연결되면서 각각의 모습을 드러내고 있다. 그것이 세상의 진정한 모습이라는 하는 것이 불교, 유식의 견해이다.

이제까지 깨달음의 세계는 '한마디로 말하기 어렵다'라고 말해왔지만 유식을 배워보면, 대승불교에는 이와 같이 제대로 된 이론적인 설명이 있다. 즉, 제각각의 사물을 보는 방식에서는 연결된 세계를 보는 것이 어려워지고, 거기에서 여러 가지 문제가 발생하는 것이다. 그에 비해 모든 것은 하나라는

표 2 보는 방식에 따라서 전적으로 다른 세계가 보인다

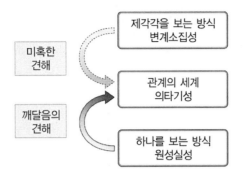

세계로부터, 연결, 연기의 세계를 보면 올바르게 보는 것이고, 그것을 '깨달음'이라고 하는 것이다.

　이렇게 유식은 무엇이 미혹하고 무엇이 깨달음인가를 논리적으로 지극히 명쾌하게 설명하고 있다. 사물을 이해하는 능력만 있다면 설명을 들으면 곧바로 자신의 것으로 만들 수는 없다 해도, 그렇다는 것은 비교적 쉽게 알 수 있을 것이다.

　예를 들면, 부모나 조상 없이 갑자기 내가 태어나고 나중에 부모, 조부모를 선택한다는 것은 있을 수 없는 것이며, 이래서는 이야기의 순서가 반대가 된다. 내가 태어난 후에 공기가 마시고 싶었기 때문에 공기가 생겨났는가 하면, 이것은 물론 아니다. 이야기의 순서가 전부 반대인 것이다.

　여러 가지 사물과 관계없이 '자신이 태어났다', 또는 '살아 있다'라는 착각을 대부분의 사람이 가지고 있다. 그러한 평범한 사람, 보통 사람을 '범부'라고 한다. 그래서 불교에서는 대부분의 사람, 대부분의 평균적인 사람은 모두 범부가 되는 셈이다.

|표3| 사물을 보는 세 가지 패턴

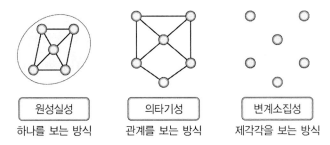

원성실성	의타기성	변계소집성
하나를 보는 방식	관계를 보는 방식	제각각을 보는 방식

이러한 삼성설에 대해 설명하자면, 대부분의 사람이 '실감은 나지 않지만, 이론상으로는 그렇겠네요'라고 납득한다. 실감은 안 되지만 이 이론을 듣고 이해하는 것만으로도 사고방식이나 삶의 방식이 많이 달라지는 것 같다.

예를 들면, 내가 가르치는 학생들도 이런 사실을 알게 되면 내가 말하지 않아도 '부모님께 감사드려야죠'라고 말을 꺼낸다. 그리고 한층 더 실감 있게 이해하기 위해서는 이론적인 설명과 함께 치료적인 접근방법이 효과가 있다. 이러한 이론적인 설명과 치료적인 접근을 실제로 어떻게 진행시킬지를 조금 이야기하겠다.

"당신은 지금 살아 있잖아요. 자기가 태어날 때의 기억이 있습니까? 없죠? 그렇지만 태어났죠? 누구로부터요?"

내가 이렇게 물으면 곧바로 대답이 돌아온다.

"어머니."

"그렇군요. 하지만 어머니가 혼자서 당신을 낳을 수 있습니까? 아버지가 있네요. 자, 이제 아버지와 어머니가 있었기 때문에 당신이 태어났다는 사실을 알았네요. 다만, 어쩌면 당신은 아버지, 어머니를 싫어할 수도 있을 것

같습니다. 하지만 아버지, 어머니에게서 태어난 것은 사실이죠. 그래서 그 다음은 어떻게 됩니까? 아버지, 어머니는 어떻게 태어나셨어요?”

“할아버지, 할머니로부터입니다.”

“그런데 할아버지 할머니는?”

“증조할아버지, 증조할머니로부터요.”

“거기서 끝인가요? 그 앞도 있겠죠. 그렇지 않으면 증조할아버지, 증조할머니는 없으니까요. 이렇게 올라가면 몇 명이나 될지 생각해본 적 있어요?”

그런 것을 생각해본 사람은 별로 없다. 그런데 사실 몇 명이나 되는지는 계산할 수 있다. 즉, 두 명의 부모에 두 명씩의 부모이고, 또 두 명씩의 부모이기 때문에, 이것은 거듭제곱으로 계산할 수 있다.

이것을 실제로 해보면, 10대 앞의 조상님은 1,024명이다. 이런 대화 후에 실제로 계산해주면 더 효과적이다. 많은 사람이 여기에서 지금까지 생각해본 적은 없지만 이것이 사실이라는 것에 놀라워한다.

“여러분, 1,024명의 조상님이 비록 최소한의 선조라 할지라도 아이를 굶겨 죽이지 않고 학대하지 않고 성장하도록 노력해주었기 때문에 우리는 지금 여기 살고 있는 겁니다. 그것도 지금과는 비교할 수 없을 정도로 생활은 어려웠을 것이기 때문에 아이를 키우는 것은 힘들었다고 생각합니다. 조상 중 누구 한 분이라도 그 노력을 하지 않았더라면 당신은 여기에 없을 거예요. 1,024명이지요. 대단하네요. 그래도 그 앞에 계속 있네요. 20대를 거슬러 올라가면 몇 명 정도라고 생각됩니까? 104만 8,576명입니다. 100만 명 이상의 선조입니다. 상상해보세요. 또한 30대까지 거슬러 올라가면 10억 7,374만 1,824명, 40대까지 거슬러 올라가면 10조 명 이상입니다. 먼 친척끼리 결혼하면 실제로는 조상들이 겹치기 때문에 이는 총수입니다만, 그렇다 치더라도 10조 명의 조상 중 한 명이라도 빠졌다면 당신은 여기에 없었을 것입니다. 당신이라는 존재는 그러한 엄청난 노력의 성과인 것입니다. 그래서 '나의 존재는 의미가 없다'라는 식으로 말하면, 조상님들께 죄송하지 않겠어요? 10조 명이나 되는 조상님들의 노력의 성과가 당신이고 저입니다. 그 덕에 여기 있는데, 아무 의미가 없다는 것은 있을 수 없잖아요."

이런 식으로 누구나 확인할 수 있는 사례를 바탕으로 '연기'라는 사실을 구체적으로 깨닫게 하는 것이다. 그 연기의 이법理法을 구체적으로 보여주고, 깨닫게 하는 것만으로도, 상당히 많은 젊은이가 건강해질 것이다.

"자네, 살아 있다는 것에 의미가 없는 것은 없다네. 자네가 이 세상에 살기 위해서 엄청나게 많은 조상님들이 노력한 것이라네. 자네는 그런 엄청난 노력의 결과라네. 이런 엄청난 노력의 결과가 의미가 없다고 생각하나?"라는 식으로 묻는다. 사실 사람의 목숨이 귀하다는 것은 이런 사실로부터 말할 수 있다.

"한 사람, 한 사람의 생명에는 무수한 조상님들의 몇 백 년, 몇 천 년, 몇 만년, 인류사로 보면 백만 년, 천만 년이라는 노력이 담겨 있다. 그것을 갑자기 자신의 대에 이르러 재미가 없다는 둥, 의미가 없다는 둥, 끊어버려도 되는 둥 그런 것이 허용될 리 없다. 모두가 노력해왔는데, 자네만 땡땡이쳐도 되는 건가?"

이와 같이 연기·의타성이라는 것을 단지 개념으로서 가르치는 것이 아니라, 개념이 가지고 있는 실제 세계에 대한 통찰로 가르쳐주면, 더구나 친근하게 가르쳐주면, 개념이 살아난다. 우리가 살고 있는 것은 의타성, 의타기성의 세계에 살고 있다는 것이다. 연기의 세계에 살고 있는 것이다. 당신도 나도 연기의 세계에 살고 있기 때문에 고귀한 것이다. 게다가 그 연기의 세계는 결국은 우주로서 일체의 세계이다. 그 말을 전하는 것이다.

학생을 상대로 잡담으로, 이런 대화를 나눌 수도 있다.

"지금 우리는 커피를 마시고 있는데, 커피의 주성분이 뭔지 알아?"

"커피요."

"그럴까? 좀처럼 눈치채지 못할지도 모르지만 답은 물이야. 그러면 물 분자식 기억나?"

"H_2O요."

"지금 우리가 마신 물은 산소와 수소로 가득 차 있지. 이거 마시면 어떻게 돼?"

"흡수됩니다."

"흡수되면 어떻게 될까?"

"신체 세포의 일부가 됩니다."

"신체의 세포는 나일까? 아니면 내가 아닐까?"

"음, 저죠."

"그렇다는 것은 곧 조금 전까지 내가 아니었던 것이 내가 되어버린다는 거지. 내가 아니었던 것이 내가 되고 생명이 돼. 그리고 소변을 누고 있는 동안은 자기 것이지만, 흘려버리면 이제 자기 것이 아니게 돼. 그리고 생명도 없어져. 나도 생명도 없어져. 나도 아니고 생명도 아닌 것과 나는 그렇게 교류하면서 일정 기간 동안 나는 생명이라고 말하는 거야. 그런 의미에서는 세계와 나는 끊임없이 교류하고 있어. 교류라고 하면, 아직도 나뉘어 있으면서 교환하는 것처럼 생각되긴 하지만, 우리 몸의 원자, 분자 전부가 우주제宇宙製야. 내가 만든 것은 어디에도 없어. 전부 우주가 만든 원자라고 빈틈없이 모조리 전부 우주제. … 이건 이제 완전 우주의 일부라는 거잖아? 우리는 우주 밖에 있는 게 아니야. 우주와 일체야. 대단하지. 너도 나도, 거기 전신주도, 길도 꽃도 땅강아지도, 지렁이도 참새도 모두 우주야. 생각해보면 얼마나 멋진 일이겠어."

그것을 마음속 깊은 곳에서 정말로 알고 난 다음에도, 참새는 인간이 아니며, 돌멩이는 생명이 아니라는 구별이 있다. 불교의 개념으로는 분리는 부정하지만 구별은 부정하지 않는다. 현상은 근본에서는 일체이다. 일체라고 하더라도 각각의 현상은 있다. 그것을 '색즉시공공즉시색色卽是空空卽是色'이라고 한다. 개개의 색과 형태를 가지고 나타나고 있는 현상의 존재는 인정하지만, 개개의 현상의 근원을 밝히면 공·일체다.

공·일체긴 하지만, 새하얗다든가, 새까맣다든가 그런 것이 아니라, 꽃은 꽃, 새는 새, 인간은 인간이라는 현상으로서의 구별은 뚜렷하다. 뚜렷하게 존재하면서 일체인 것이다. 그 부분의 구별을 안타깝게도 보통 인간은 혼동해버린다. 그게 망상이다. 알기 쉬운 말로 하면, 개별적인 것에서 연결의 세계가 보이지 않아서, 일체의 세계가 전혀 보이지 않는 '미혹'의 상태이다. 한편 하나의 세계에서 이어져 있으면서, 그러나 각각의 모습을 가지고 있다는 것까지 전부 보이면 이것이 '깨달음'이다. 다만 하나라는 것, 연결[관계]이라는 것, 각각이 전부라는 것이 보이지 않으면 깨달음이 아니다.

이와 같이 사물을 보는 세 가지 패턴 가운데 두 개의 조합, '각각'에 해당하는 말은 유식의 용어에는 없지만, 진실성의 세계로부터 의타성, 의타성의 세계로부터 각각의 세계라는 식으로 보는 것이 '깨달음'이다.

　　이런 식으로 유식은 미혹과 깨달음은 어떤 것인지, 사물을 보는 방식을 제대로 분석하고 있다. 그러한 의미에서 깨달음의 세계는 '한마디로 말하기 어려운' 것이 아니다. 그렇다고 해도, 물론 최종적으로는 말로 다 표현할 수 있는 세계는 아니다. 그러나 일단 제대로 설명할 수 있다. 게다가 이런 것은 구체적인 예를 들어 설명하면 고등학생도 중학생도 알 수 있다. 말하는 방식을 깊이 생각하면 초등학생도 알 수 있을 것이다.

　　결국 불교인이 일반인을 교화한다면 본질적으로는 이런 점을 전해주어야 하지 않을까 싶다. '우리 같은 보통 사람이 사물을 보는 방식은 이렇게 되어 있는데, 그건 결국 근본적으로는 잘못된 것이다. 세계의 참 모습을 보지 못했다. 올바른 견해(정견)를 가지지 않으면 고민하거나 실패하는 것은 당연하다'라는 식으로 교화해나가면 되지 않을까 싶다.

2

마음의 구조
팔식설

지금까지 말씀드린 것처럼 삼성설을 알기 쉽게 설명하면, 왜 사람들이 헤매거나 틀리는지에 대한 그 기본적인 구조는, 이론에 상당히 약한 사람이 아니라면, 대부분의 사람이 이해할 수 있는 것 같다. 이해할 수 있다면 하나로부터 연결되고, 저마다의 방식으로 하면 누구나 쉽게 깨닫게 되지만, 실제로는 상당히 아니 대부분 전혀 깨달을 수 없다.

유식학파 수행자들도 비슷한 고민을 한 것 같다. 왜 인간은 미혹되는가를 스승으로부터 배우면 이치는 알 수 있지만, 실감은 나지 않는다. 실감이 나지 않는 것뿐만 아니라 더 곤란한 것은 그렇게 사물을 보는 방식을 바탕으로 실행하는 것이 더욱더 어렵다는 것이다.

그래서 유식학파의 수행자들은 '이치는 알았다. 하지만 실감이 안 난다. 이치를 알아도 실감이 나지 않는 것은 왜일까? 무슨 이유일까?'라고 생각한 것이다. 그리고 '아는 것과 실감하는 것은 마음의 단계가 다르다'는 것을 깨달은 것이다.

안다고 하는 것은 현대적으로 말하면 '표층의식'으로 알 수 있다. 오감 중에서 청각과 시각을 사용하며, 특히 말에 따라서 '모든 것은 연결돼 있고 결국은 하나다'라고 공부한 뒤 의식이 그것을 정리해야 '아, 그런가'라고 알게 된다. 그러나 겉으로는 알아도 속으로는 '그렇구나' 하는 실감이 나지 않는다. 거기에 그치지 않고 여전히 오히려 여러 가지 사물이 개별적으로 제각각 존재한다고 하는 실감이 난다.

그래서 유식학파의 사상가들은 '아무래도 제각각이라는 실감이 나고, 연결되어 하나라는 실감이 나지 않는 것은 마음속 깊은 곳의 문제다. 마음속 깊은 곳에 의식으로는 어찌할 수 없는 깊은 세계가 있다'라고 추정한 것이다.

모든 것이 일체라는 진실성이 실감나기는커녕, 오히려 실체로서 내가 있다, 또는 실체로서 무엇인가가 있다고 생각하는 분별성으로 어떻게든 사물을 보려는 마음이 있다고 생각했다.

자신의 의식으로는 어쩔 수 없는 마음의 세계가 있고, 깨달음의 실감은 나지 않는다. 예를 들면, 미움이나 원망이나 질투나 침체 등 그다지 좋지 않은 기분이 생기고, 그런 기분을 억제하려고 생각하지만 무슨 일이 있어도 솟아오른다.

그런 식으로 어딘가 의식이 아닌 곳에서 나온다고 하는 것은 어딘가 깊은 세계, 현대의 언어로 말하면, '심층의식', '잠재의식'이라고 불리는 마음의 영역이 있을 것이라고 파악한 것이다. 이를 유식에서는 '말나식'과 '알라야식'이라고 한다.

역사적으로 말하면, '알라야식'이라는 개념이 먼저 생겼고, '말나식'은 나중에 생긴 것 같지만 여기에서는 일단 완성된 형태의 유식을 전하고자 하므로 역사적인 것은 그냥 두도록 하겠다.

체계적으로 완성된 유식의 학설에서는 보통 누구나 알고 있는 눈, 귀, 코, 혀, 신체·피부의 감각, 즉 오감을 오심의 작용이라는 의미에서 '오식五識'이라고 부른다. 그리고 그것을 정리하고, 생각하거나 의사결정을 하는 마음의 작용을 '의식意識'이라고 부른다. 그리고 오식과 의식을 합쳐서 '육식六識'이라고 한다.

1) 말나식

나도 잘 모르는 마음의 영역이 있지만, 우선 '말나식'이라는 것은 인간의 마음 깊은 곳에 사물을 실체시하는, 다시 말하면 무슨 일이 있어도 분별성으로 사물을 보고 마는 그러한 마음의 영역을 가리킨다. 이 '말나식'이라는 마음속 영역에는 근본적인 네 가지 '번뇌'가 숨겨져 있는 것으로 여겨지고 있다.

모든 것을 나누고 분리되어 있다고 생각하는 방식 중에서 가장 귀찮은 것은 '나'라는 것이 세계와 분리되어 있다는 착각이다. 일반적인 분별도 그렇지만, 특히 내가 세상과 분리되어 있다는 착각이 골치 아픈데, 그건 마음속에 은밀하게 숨어 있는 것이다. 즉, '무명'이라는 말로 표현했던 것은 특히 자신의 진짜 모습을 모르고 있다는 '무명無明'이다.

사실은 무아인데도 무아가 아닌 나 자신이, 이 경우의 '나'는 자아를 의미하는데, 실체로서 존재한다고 생각하는 착각이다. 이러한 자아에 대한 어리석음이 마음속 깊이 근본적으로 도사리고 있는 그것을 '아치我癡'라고 부르고 있다.

유식의 통찰이 뛰어나다고 생각하는 것은 종전처럼 '무명'이라고만 말하는 것이 아니라 그 내용을 분석하고 있는 것이다. 우리 마음속에 실체가 아닌 것을 실체인 양 믿어버리는 어리석음, 어리석으면서도 세상에 대해, 나에 대해 잘 알고 있다고 생각하는 실체적인 믿음이 있다는 것을 선명하게 파헤쳐 보여준다.

우리는 '무아'라고 하는 것을 아무리 들어도, 아무래도 실체로서의 내가 있는 것 같은 기분이 든다. 자신이 현상이라는 실감이 없다. 백 년 후나 천 년 후에도 존재할 것 같은 느낌이 든다. 이론상 없다는 걸 알면 이번에는 공포에 사로잡힌다. … 이런 것에서 벗어나려고 해도 힘들다.

그런데 그것을 어떻게 하면 좋은가 하는 것까지 밝힌 것이 유식이다. 참잘 만들어져 있다. 이런 훌륭한 이론이 대승불교에 있는데, 이용하지 않을 수 없다.

이야기를 원점으로 돌리면 수행자들은 연기나 무아를 배우고 이치로는 알아도, 그래도 역시 자신이 있다고 믿어버리고, 무아라는 진리를 실감하지 않기 때문에 그 이유가 되는 마음속의 세계를 상정하지 않을 수 없었던 것이다.

그런 마음속의 깊은 영역을 '말나식'이라고 불렀는데, 무아라는 것에 대한 무지, 즉 '아치我癡'다. 그리고 거기에 그치지 않고 실체적인 내가 있다는 믿음, 즉 '아견我見'이 있다는 것이다. 더욱이 실체적인 자아가 있다고 생각한 다음, 그러한 자신을 지나치게 의지하는 것을 '아만我慢'이라고 한다. 결국 이 내가 인생의 모든 삶의 보람과 의미의 근거라고 생각하고, 자아라는 것을 자부하거나 의지하고 있는 것이다.

그런데 자랑하고 의지하고 있는 자신이 결국 죽으니 최대의 모순이다. 의지할 수 없는 것에 의지하고 있다. 아무리 매달려도 그 매달리는 내가 죽게 되니까 매달릴 수 없다. 그럼에도 불구하고 보통 사람은 자신에게 매달린다. 아무래도 이래저래 애착하고 집착해서 자신이 가장 중요하다고 생각하는 것이 '아애我愛'의 기능이다.

아무리 이론상으로는 틀렸다고 의식하고 머리로는 알고 있어도, 아무래도 무심코 해버리는 아치·아견·아만·아애라는 마음의 기능은 의식으로는 제어할 수 없는 무의식의 세계에 있다는 것이다.

'실체적인 내가 있다고 생각하는' 작용이 무의식적인 세계에 항상 있었고, 이것은 의식으로는 쉽게 제어할 수 없다는 것을 수백 년 전에 유식은 이미 발견했던 것이다. 이야기의 전후가 바뀌었지만, '마나식'의 '마나'는 '생각하다', '사량하다'라는 의미이다.

2) 알라야식

앞에서도 말했듯이 개념으로서는 '알라야식'이 먼저 있었다. 그것은 이런 이유 때문이다.

우선 붓다는 '무아'를 이야기하였다. 한편 고대 인도사상에는 '윤회'가 있었다. 그러나 붓다는 이 윤회에 대해서는 확실히 있다고도, 없다고도 말하지 않았다. 긍정도 부정도 하지 않는 것이 윤회에 대한 붓다의 기본적인 자세였던 것 같다. 여기서 제자들은 붓다가 없다고 분명히 말하지 않았고, 고대 인도의 사회에서는 그것이 상식이었기 때문에 있다고 생각한 것이다. 그러자 실체가 없는 것이 어떻게 윤회할 것인가 하는 의문이 생기게 된다.

그래서 실체는 아니지만 윤회하는 주체가 있다고 보았다. 그것은 과거의 카르마가 모인 것으로, 실체는 아니지만 모이면 작용하기 시작한다는 물질적인 상태의 카르만karman, 集積으로서 '알라야식'이라는 것을 상정한 것이다.

'알라야alaya'는 쌓아서 모아놓는 '곳간藏'을 가리키는 말이다. 여러분도 잘 아는 '히말라야 산맥'은 히마＝눈, 알라야＝곳간의 합성어로, '항상 눈을 곳간처럼 쌓아두고 있는 산맥'이라는 의미다.

다시 말하면, 이러한 '알라야식'은 카르마가 쌓여 있는 곳간인 것이다. 과거의 선업·악업이 모여 있고, 머지않아 싹이 트는, 그것이 다음 생이라는 것이다. 결국 무아＝비실체이면서 윤회의 주체가 있다고 하는 설명이 이것으로 이루어진 셈이다. 이런 식으로 알라야식이라는 개념을 이론적으로 상정해서 만든 것이다. 하지만 중요한 것은 '알라야식'이라는 개념이 만들어진 배경에는 이론이 이치에 맞을 뿐 아니라 체험적 뒷받침이 있다는 점이다.

유식학자들은 우리가 깨어 있는 동안에는 의식이 있지만, 숙면을 취하거나, 기절하거나, 만취하거나 하면 잠시 의식을 잃기는 하지만, 깨어나면 다시 의식이 돌아오는 것에 주목했다. 어딘가에 숨어 있지만 어디선가 지속되고 있고, 그것이 또한 다시 나타날 것이라고 상정해야 한다고 생각한 것이다. 그 장소가 알라야식이었던 셈이다.

그리고 또 한 가지 상정해야 할 것이 있다. 우리는 과거에 있었던 일을 기억하고 있다. 기억난다고는 해도 평소에는 의식하고 있지 않는다. 그렇다면 의식하고 있지 않은 동안 그 기억은 어디에 있는 것인가? 그 기억이 곳간처럼 쌓여 있는 곳이 있을 것이라고 볼 수 있다.

이렇게 윤회에 의해 과거세에서 현세로 생명을 전하는 주체, 카르마를 저장하는 곳, 기억을 축적하는 곳을 알라야식이라고 한 것이다. 또 하나 아주 중요한 것은 알라야식이라는 개념은 무엇보다도 수행체험에서 나온다는 것이다.

의식으로 연기나 무아나 공에 대해 배워도 실감이 나지 않는, 또는 기억되지 않는 것은 '말나식' 때문이었다. 그런데 분명히 말나식이 작용하지 않는다는 생각이 들 정도로 깊은 선정체험을 하더라도 선정이 끝나면 또 질리지도 않고 말나식이 작용하기 시작한다. 이러한 체험으로부터 인간의 무명이 잠재해 있는 말나식보다도 더 깊은 마음의 영역이 있다고 상정하지 않을 수 없었던 것이다. 그것이 바로 '알라야식'인 것이다.

또한 우리가 깊은 잠을 자고 있어도 심장이 뛰고 있거나, 기절하고 있어도 숨을 쉬고 있는 것은 생명 유지 작용이 작동하고 있기 때문이다. 유식학자들은 이러한 생명을 유지하는 작용의 힘은 어디에 있을까 하고 생각했다. 그리고 의식도 말나식도 아닌 더 깊은 곳에 이른바 생명정보의 세계, 과거로부터 생명을 유지하고 현세의 생명도 유지하는 마음의 작용이 있다고 생각한 것이다. 유식사상가들은 인간의 마음속에는 표층뿐만 아니라 심층의 영역이 있다는 것을 발견했다고 해도 좋을 것이다.

3) 팔식의 마음이 미혹한 마음

누구라도 보통 알 수 있는 오감과 의식의 세계를 더해서 '육식六識'이라고 하지만, 그러한 이론 구성만으로는 깊은 마음의 작용을 설명할 수 없기 때문에 말나식이나 알라야식을 상정했다. 그것이 유식의 팔식이론八識理論이다.

'그렇다면 인간은 왜 미혹되는가?'라고 하면, 유식이론에서는 생명에 집착하고 생명을 유지하는 카르마가 알라야식에 저장되어 있기 때문이라고 설명한다. 그리고 이 세상에 태어나면 알라야식에서 말나식, 의식, 오감과 신체가 발생해서 인간이 되는 것이다.

그리고 알라야식으로부터 말나식이 탄생하면, 말나식이 알라야식을 본다는 것이 마음속 깊은 곳에서 행해지고 있다고 추측할 수 있다. 말나식이 알라야식을 보면 생명이 '나의 생명'으로 보이는 것이다.

말나식으로 보면 생명은 실체로서 나의 생명이었으면 좋겠고, 그럴 것이 분명해 보일지라도 생명의 자연스러운 모습에 따라 그것은 결국 죽고 사라진다. 이 모순을 바라볼 때 죽음의 불안과 공포가 생겨난다.

'죽음은 자연의 일이야'라고 말하는 의식이 아무리 있어도, 말나식은 죽고 싶지 않다는 것이다. 생로병사, 사고팔고四苦八苦의 괴로움이 사라지지 않는 것은 이론상 그것이 부자연스럽다고 해도, 마음속 깊은 곳에서 말나식이 '생명은 나의 생명이다'라는 식으로 집착하고 있기 때문이라고 말할 수 있다.

알라야식은 '생명과 생명 아닌 것을 나누어놓고 생명을 유지하려고 하는' 마음의 작용이다. 말나식은 '나와 나 아닌 것이 나누어져 있고, 나를 지키려고 하는 나에게 집착하는' 마음의 작용이다. 그리고 실체로서의 생명,

실체로서의 자신을 바탕으로 의식이 작동하면 모든 것이 실체로 보인다.

'분별'이란 생명과 생명 아닌 것을 분별하는 알라야식, 나와 나 아닌 것을 분별하는 말나식, 그리고 모든 것을 분별하는 의식이라고 하는 식을 통해서 모든 것을 분별하고, 분별성으로부터 의타성의 사물을 보는 방식 외에는 할 수 없게 되어버린 것이다. 이처럼 우리는 범부의 마음·팔식의 마음으로 모든 것을 분별하고 파악하므로 고민하게 된다는 것이다.

3

번뇌의 분석
번뇌론

　　그럼 '이러한 마음의 구조에서 어떤 고민이 생길까?' 하는 번뇌론을 먼저 알아보겠다. 깨달음에 의한 마음의 변용에 대한 이야기는 나중에 자세히 보고자 한다.

　　앞서 말하였듯이 유식에서는 아치·아견·아만·아애의 네 가지 근본번뇌가 말나식에 숨어 있다고 본다. 초기불교에서 반야경전까지 '무명'이라는 용어로만 보았던 것을 말나식의 네 가지 근본번뇌인 아치·아견·아만·아애로 좀 더 자세히 분석한 셈이다. 게다가 심층의식으로서 다시 파악한 것이다. 이것은 사상으로서는 큰 발전이며 심화된 것이라고 해도 좋을 것이다.

　　이런 식으로 유식이론을 설명하면 머리로 이해할 수는 있어도 왜 깨달을 수 없는지를 알게 될 것이다. 설령 의식으로 안다고 해도 말나식이 바뀐 것은 아니다. 더구나 알라야식이 정화된 것은 아니라는 것이다.

▼ 근본번뇌(말나식)
아치 我癡(자신이 실체가 아닌 것에 대한 무지)
아견 我見(자신이 실체라고 하는 견해·확신)
아만 我慢(실체시된 자신을 의지하는 것)
아애 我愛(실체시된 자신에 과잉애착)
▼ 근본번뇌(의식)
탐욕(탐貪), 분노(진瞋), 어리석음(치癡), 교만(만慢), 의심(의疑)
잘못된 견해(악견 惡見)
① 신견 身見 ② 변견 邊見 - 상견 常見·단견 斷見 ③ 사견 邪見 ④ 견취견 見取見 ⑤ 계금취견 戒禁取見

1) 의식상의 근본번뇌

그럼 말나식의 근본번뇌가 표면화되고 의식에 나타날 때 어떤 번뇌에 사로잡히게 되는지, 즉 의식에 있어서 '근본번뇌'에 대해서 이야기해보겠다.

(1) 탐貪

말나식에 네 가지 근본번뇌가 있다면, 무의식적으로 실체로서 내가 있고, 실체로서 사물이 있다고 생각하고 자신을 지키기 시작한다. 가치 있는 재산이라든지, 음식이라든지 … 그것들을 많이 가지고 싶다. 지금 당장 필요하지 않아도 될 수 있는 한 많이 갖고 싶다. 아치·아견·아만·아애가 있으면 그런 마음, 과욕이 일어난다. 그것을 '욕심·탐욕'이라고 한다.

예를 들어, 오늘내일 살기 위해서 백억 정도 가지고 있을 필요는 없는 것이다. 하지만 자신의 삶을 풍요롭게 유지하려고 돈을 모아두고 싶어진다. 다른 사람이 곤란을 겪고 있어도 나는 갖고 싶은 것이다. 또는 사람을 속여서라도, 나쁜 짓을 해서라도, 지위니, 명예니 하는 것에 집착하게 된다. 그건 다 나를 지키고 싶은, 그것도 과잉적으로 지키려는 심리이며, 그런 탐욕의 마음은 근본번뇌에서 나오는 것이다.

(2) 진瞋

자신이 세계의 중심이다, 중심이 되고 싶기 때문에 자신의 생각대로 되지 않으면 절대로 용서할 수 없다고 하는 분노의 마음이 생긴다. 이것이 '성냄, 분노'다.

(3) 치癡

마음속 깊은 곳에서 무아에 대해 완전히 무지하기 때문에 제대로 배우지 않는 한 실체로서의 나 자신은 없다는 것을 의식적으로나 꿈에도 생각하지 않는다. 실체로서의 나, 실체로서의 사물이 있고, 그것과 관련해서 분별성으로부터 의타성적으로 세계가 움직이고 있다고 확신하기 때문에, 의식도 그렇게 생각하고 있다. 그것이 의식상의 '무지, 어리석음'이다. 심층 의식이 어리석기 때문에 말할 것도 없이 의식도 어리석은 것이다.

이것이 통불교적으로 탐·진·치 삼독三毒이라고 불리는 것이다. 마음속 깊은 곳에 뿌리 깊은 아치·아견·아만·아애의 작용이 있어서 그것이 의식 속으로 나오면, 탐욕의 마음, 분노의 마음, 어리석음의 마음, 즉 탐욕, 성냄, 어리석음이 된다.

(4) 만慢

아만我慢은 무의식적으로 자신을 자랑하고 자만하는 경향이 의식적으로도 자신을 자랑하고 자만하게 하고, 여기에서도 자신과 타인이 나뉘어 있다고 생각하기 때문에 비교하여 '내가 더 낫다'고 생각하고 싶은 한다. 그것이 '아만·교만'이다.

하지만 '비하만卑下慢'이라는 말이 있을 정도로 자신이 아래라고 생각하면, 이번에는 비꼬이는 것이 된다. 요컨대 나누어놓고 비교하는 마음으로 위아래를 말하고 있는 것뿐이다.

이상과 같이 우리의 일상적인 부정적 마음을 작동시키는 뿌리는 아치·아견·아만·아애라고 유식에서는 분석하고 있다. 사실 이것은 인간의 마음을 잘 파악하고 있다고 생각한다. 그런데 유식에서의 이런 번뇌 이야기를 하면 젊은 사람들로부터 종종 다음과 같은 반론이 나온다. "그게 인간이죠"라고 그것에 대해서 나는 이렇게 말한다. "그렇지. 그것을 범부, 즉 보통 사람, 대부분의 사람이라고 하는 거야. 그것이 인간이라는 거야. 그 점에서 불교는 자네와 같은 의견이야. 하지만 다른 점은 자네는 범부고, 인간은 범부로 끝날 거라고 생각하겠지만, 거기서부터 나아갈 바를 가르치고 있는 것이 불교지."

"범부를 뛰어넘는 경우가 있나요?"

"있다는 것은, 적어도 이론적으로 있을 수 있다는 이야기는 지금부터 들어보면 이해가 갈 것이네. 자네가 되고 싶은지, 될 수 있는지 하는 것은 또 다른 문제이지만, 적어도 예상은 할 수 있지. 대체로 자네는 조금 전까지 의식적으로 실체가 있다고 완벽히 믿고 있었어. 즉, 무명이었지만 오늘 공부하고 나니 실체가 없다는 것을 이론적으로는 알 수 있었지. 이치를 알았다는 것은 의식적인 어리석음이 좀 개선된 셈이네. 그렇지만 말나식은 아직 개선되지 않았다네. 그런데 의식부터 말나식, 나아가서는 알라야식을 개선해 나가는 방법이 있다는 것이 불교라네."

(5) 의疑

이런 식으로 무아라든지 공이라는 이야기를 일단 설명하고 나서 의심이라는 번뇌에 대해서 알려주기 위해서 이렇게 계속한다.

"음, 여기까지 뭔가 반론이 있나? 반론의 여지가 없잖아?"라고, 그랬더니 이런 대답이 돌아온다.

"반론의 여지는 없지만 그래도 그건 하나의 생각이고 또 다른 사고방식이 있을 수도 있잖아요."

"그럼 어떤 생각이 있는지 말해줄 수 있겠나?" 그러면 젊은이들은 입을 다물어버린다.

이런 식으로 진리의 말씀을 듣고도 받아들이려고 하지 않는 그런 마음을 '의심'이라고 한다. 이것에 대해 틀리지 말라고 나는 자주 말하지만, 최종적으로 의심할 수 없는 것을 발견하기 위해서 의심할 수 있는 것은 모두 의심한다는 데카르트적인 '방법적 회의'도 좋다.

그러나 방법적 회의가 아니라 아무리 생각해도 의심할 수 없는 것이라도 아직 자신의 의견을 바꾸려 하지 않는 것, 결정하려 하지 않는 마음의 작용, 이것은 자기방어이다. 현재의 자신의 생각을 바꾸고 싶어 하지 않기 때문에 이론상, 사실상 아무리 그렇다는 것을 보여도 '그래도'라고 말하고 싶어 한다. 이런 것들을 하다 보면 마음이 변하지 않기 때문에 고민을 해결할 수 없다. 이렇게 필요 이상의 자기방어, 자신의 생각을 방어하려고 하는 것을 '의심'이라고 한다.

(6) 악견惡見

그리고 '악견'이라는 것은 잘못된 견해이다. 단순히 어리석음만이 아니라, 아치·아견·아만·아애에 의해 더 적극적으로 잘못된 견해를 가질 수 있다. 악견은 더 상세하게 다섯 가지로 나누어볼 수 있다.

① 신견身見

'실체로서 내가 있다', 이렇게 말나식이 믿고 있으면 어떻게 될까? 그러면 의식이 '이 몸이 나구나'라고 생각하게 된다. 이것이 '신견身見'이다. 하지만 곰곰이 생각해보면 20년 전에는 어땠을까? 또 지금의 몸 상태가 앞으로 10년 후에도 있을 수 있는가 하면, 있을 수 없다. 오히려 현대 과학적으로 말하면, 신체를 구성하고 있는 세포는 몇 개월 만에 전부 교체되기 때문에 옛날 세포는 어디에도 없다. 패턴만 비슷할 뿐 그 세포를 구성하고 있는 분자는 정말로 몇 달 안에 전부 교체된다고 한다.

이렇게 태어나고 자라고 늙어가는 몸에는 물이나 공기나 음식 등이 끊임없이 들락날락하고 있으므로, '고정적인 내 몸이 나'라는 것은 잘못이다. 우리 몸의 60~70%는 물로 되어 있다. 즉, 내가 아닌 것으로 내가 되어 있다. 이 몸이 나라고 하는 생각은 신체를 실체시하고 있기 때문이다. 이것은 대부분의 사람이 그렇지만, 그렇게 생각하고 있기 때문에 고민하는 것이다.

② 변견邊見

그렇게 믿고 있으면 두 가지 치우친 견해, 즉 '변견邊見'에 빠지기 쉽다.

우선 하나는 이 몸이 언제까지나 있다고 생각하고 싶다. 하지만 이 몸은 언젠가 없어지기 마련이므로 실체로서의 영혼이든, 뭔가가 영원히 산다는 상정을 하고 싶어 한다. 몸은 죽어도 몸이 아닌 자신이 영원히 존재하고 싶다고 생각하는 것이 '상견常見'이다. 예를 들면, 내가 초등학생 때 마음속에 어떤 일이 있었는지 다 기억하는가? 마음 자체가 무상의 존재이고 자꾸 변하고 있다. 그때 생각했던 것들 대부분은 잊고 있다.

불교의 기본적인 개념은 무아, 무상이기 때문에 영원히 계속되는 '혼魂'은 없다고 분명히 부정하고 있다. 그러나 알라야식은 윤회하게 되어 있기 때문에 종종 영혼과 혼동된다. 영혼과 알라야식은 어디가 다르냐 하면 알라야식은 카르마의 집적이고, 영원한 존재가 아니라 무상한 존재이다. 모든 것이 무상한데 영혼만 항상하고 영원할 수는 없다.

게다가 마음이 기억이니 의식이니 하는 식識으로 이루어져 있다면, 그것은 이미 끊임없이 변화하는 존재이다. 영원이라는 것은 있을 수 없다. 예를 들면, 필자는 지금 57세인데, 태어난 이후의 기억 대부분은 잊고 있다. 단지 어떤 종류의 기억의 일관성이 있기 때문에 '나'라고 생각하지만, 체험하고 있는 것의 대부분은 잊고 있고, 전생의 기억 같은 것은 물론 없다.

현대 과학적으로 생각해보면 생명은 40억 년 전에 시작되었다고 한다. 영혼이 영원히 존재한다면, 그럼 40억 년 이전에 혼은 어디에 있었는가 하는 궁금증이 생긴다. 지구상에 생명이 탄생하기 이전에 영혼은 어디에 있었다든가, 어딘가 다른 은하에 있었다고 하는 것은 증명할 수 없을 것이다.

결국 다른 세계라든가 영적 세계라고 하는 것을 상정하고 싶어지는 것은 자아를 영원히 존재시키고 싶기 때문이지, 실은 아무런 근거도 없다. 이와 같은 유식의 사고방식을 배우면, 확실히 자신의 이야기라고 실감할 수 있다. 바로 내 마음 깊은 곳에 말나식이 자리 잡고 있구나 하고 실감할 수 있는 것이다. 이런 마음의 작용이 강하고 약하고를 떠나서 모두 내 안에서 작용하고 있다.

즉, 이 몸이 나라고 생각하면서도 그 이외의 영혼을 상정해서 영원하다고 생각하고 싶다는 것이 '상견常見'이고, 그것이 안 된다고 생각하면, 죽으면 전부 끝이라고 생각하는 것이 '단견斷見'이다. 몸이 죽으면 사후에는 아무것도 없다. 몸이 나라고 생각하기 때문에 몸이 죽어버리고 나면 아무것도 없다는 것이다.

과거의 신화적 종교는 '변견' 가운데 '상견'이라고 하는 것이다. 한편 근대인은 대개 '단견', 현대적으로 말하면 '허무주의'에 빠져 있다. 불교가 주장하는 바는 우주가 진정한 '나'라는 것이다. 몸이 나인 것이 아니라, 또는 기억으로서 마음이 나인 것이 아니라, 그 몸과 마음이 연결되어서 하나인 곳인 우주가 진짜 '나'인 것이다. 그것이 참된 자기라는 것이다.

몸과 마음은 진실한 자기 자신이 부분적으로 표현된 것이며, 그 부분적으로 표현된 것의 근본에는 진실한 우주, 곧 진실한 자기가 있다. 그 진실한 자기를 발견한 자가 붓다이며, 무착과 세친이며, 도겐道元이다. 도겐은 "생사는 부처님의 어명이다"라고 말하면서 몸과 마음을 초월하고 있다. 이 몸과 마음이 없어져도, 태어나지 않게 되는 그 모든 과정이 붓다의 어명이라는 것이다.

③ 사견邪見

우리는 통상 자신을 중심으로 모든 것이 단절되어 있다, 분리되어 있다고 생각하기 때문에, 일의 원인과 결과라는 인과의 이치를 좀처럼 제대로 납득하려고 하지 않는다. 태어나면 당연히 죽는다든지, 나쁜 일을 하면 나쁜 과보가 있다든지, 이런 모든 것은 관계를 보고 있으면 당연히 일어나는 일이다. 나를 중심으로 하다 보면 그런 것이 관계성 없이 일어나는 것 같은 기분이 든다.

이 인과의 이치를 부정하는 것이 '사견邪見'이다. 즉, '상관없어'라고 생각하는 마음이다. 모든 것은 관계하고 있는데도 그 관계의 인과를 부정해버리는 것이다. '나쁜 짓을 해도 과보는 없다'라든지, '나는 나 혼자서 태어난 거야, 부모는 관계없다'라든지, 인과관계를 부정하는 모든 사고방식을 '사견'이라고 한다. 이런 사견의 근원이 아치·아견·아만·아애다.

④ 견취견見取見

아치·아견·아만·아애를 바탕으로 자기가 생각하는 사상을 가지게 되면 옳든 그르든 자기 생각을 버리고 싶지 않게 된다. '그건 아니지 않나'라는 이런 말을 들으면 우리는 자칫 히스테릭해진다. 그런 식으로 자기 견해에 집착하면서 사물을 보는 견해를 '견취견見取見'이라고 한다.

여기에 유식불교의 대단함이 있는데, 어떤 사상이든 집착하면 그것은 잘못된 것이라고 말하는 것이다. 남에 대해서만이 아니라 나 자신에 대해서도 내가 생각하는 것이 정말 진리에 맞는가 하는 것을 떠나서, 내가 그렇게 믿고 싶으니까 그렇게 믿게 된다면 그건 이미 잘못된 것이다.

이 점이 현대인에게 있어서 본질적인 의미를 갖고 있다고 생각되는데,

불교는 자기부정의 논리를 갖고 있다는 것이다. 불교는 자신의 교의에 연연하지 않는다. 타당한 것은 권하지만, 만약 사실에 근거하여 다르다고 한다면 견해를 바꾸어도 좋다는 입장을 취한다. 본래 불교는 그런 유연성과 합리성을 잘 간직하고 있는 종교이다. '○○종의 교의는 바꿀 수 없다'라는 것은 없는 것이다.

붓다는 상대를 보고 말을 바꾸고 있다. 그것을 단순 논리로 말하자면, '붓다는 모순이다'라는 이야기가 되는데, 붓다는 자신의 사상이 아니라 자신이 말하는 것을 통해서 상대를 구원할 수 있을지가 중요한 것이었다. 그래서 이 사람한테는 이렇게 말해주고, 저 사람한테는 저렇게 말해주고 한 것이다. 그와 같이 양쪽을 다 열거하면서 '모순되지 않습니까'라고 지적해도 붓다는 태연하다. 그런 의미에서 불교에서는 본래 교의나 사상에 대한 집착이 없으며, 있어서도 안 된다.

⑤ 계금취견戒禁取見

계율이나 금지사항도 절대시하면 그것도 틀렸다고 할 수 있다. 이것을 '계금취견戒禁取見'이라고 한다. 계율이나 금지사항은 인간이 건전하게 살거나 깨우치기 위해서 필요한 것이다. 그래서 계율을 지키려고 하는 것이 깨달음을 여는 데 오히려 방해가 된다면, 그 계율은 지키지 않아도 된다는 것이 분명하다.

일단 계율을 절대화해버리면 그것을 지키느냐가 가장 중요한 것이 되어버린다. 유대교나 기독교 세계에서는 율법주의라고 하는데, 일단 정해진 계율은 꼭 지켜야 하는 것이고 그것을 지키지 못하는 놈은 인간이 아니다는 식이 될 수 있다.

어디까지나 계율은 수행을 위해 도움이 되는 것이지, 그 자체를 절대화하면 틀린다. 왜냐하면 '계율을 지킬 수 있는 훌륭한 나'라는 식으로 자아에 집착하기 때문이다. 그러므로 계율에 집착하거나, 사상에 집착하거나, 계율이든 사상이든 자기절대화를 위해서 사용한다면 그것은 잘못된 것이다.

자기절대화를 위해서 상대주의가 되는 것도 마찬가지로 잘못이다. "여러 가지 생각이 있을 뿐 유일한 생각은 없다."라고 말하면서, 사실은 자기 생각을 방어하고 있는 사람이 많이 있다. 이들을 상대주의자라고 한다. 그런 사람들은 사실은 자신이 거의 절대적으로 옳다고 생각한다. 이것은 최고의 자만이다. "모든 의견이 다 있을 수 있고, 모든 의견은 평등하다"라고 말하면서 사실 자신이 가장 옳다고 생각한다. 그것 또한 '견취견'의 일종이라고 해도 좋을 것이다.

이렇게 해서 아치·아견·아만·아애, 즉 말나식의 근본번뇌를 바탕으로 탐·진·치·만·의·악견이라는 의식상의 근본번뇌가 생겨나는 것이다. 똑같이 '근본번뇌'라고 불리기 때문에 헷갈리기 쉽다. '다른 용어를 만들었으면 좋았을 텐데'라는 생각이 들기는 한다.

2) 수번뇌隨煩惱

무의식의 네 가지 근본번뇌, 의식의 여섯 가지 근본번뇌가 작용하면서 의식상으로는 더 현상적인 번뇌가 발생한다. 이를 부수적이라는 의미로 수번뇌隨煩惱라고 한다. 이를 유식에서는 스무 가지로 분류하고 있다.

우리의 마음의 표면에 분노, 원망, 속임수, 괴로워하는 것, 질투, 인색함,

속이는 것, 아부, 상처입히는 것, 교만, 내적內的 무반성, 대타적對他的 무반성, 흥분, 우울함, 진정성 없음, 게으름, 허술함, 건망증, 주의산만, 올바른 것을 모르는 것이라는 스무 가지 부수적인 번뇌가 끊임없이 생겨나는 것이다.

이 번뇌의 목록을 꼼꼼히 보고, 예를 들면 오늘 하루 '아아, 내 마음은 화 냈네, 원망했네, 속임수 썼네, 괴로워했네. …'라고 생각한다. 이 항목에 어떤 것도 체크할 것이 없다고 말하는 사람은 상당히 변화된 사람이든지, 궁극의 깨달음을 얻은 사람이다. 다들 기억할 것이다.

3) 분노의 메커니즘

수번뇌와 의식상의 근본번뇌와 말나식의 근본번뇌의 관계에 대해 전부 언급한다면, 굉장히 자세하게 되어버려 페이지 수가 부족하게 되므로, 두세 가지 정도 사례를 들겠다. 우선 분노의 마음에 대해 이야기하겠다.

우리는 바깥에서 일어나는 일을 보고 듣고, 그것을 의식이 받아들인다. 그러면 어떻게 받아들일까? 예를 들어, 어떤 일에 대해 화가 날 경우 '그 녀 석이 나의 이익에 반하는 일을 저질렀다'라고 생각한다. 마음속 깊이 말나 식의 아치·아견·아만·아애에서는 자신을 가장 소중하고 세상의 중심쯤 으로 여기기 때문에, 내 뜻대로 되지 않는 짓을 한 그놈을 절대 용서하기 어 렵다는 생각이 드는 것이다. 자신을 절대시하기 때문에 그 절대시하고 있는 나를 반하는 일은 절대 용서할 수 없다는 기분이 든다.

도식적으로 말하면, 우선 바깥에서 어떤 사건이 일어난다. 그것을 의식 이 받아들이는데, 거기에 원래 '내 뜻대로 되지 않는 일을 한 놈은 절대로 용서하지 않는다'라는 감정, 즉 '진瞋'의 마음이 있다. 그리고 그것은 또한 아치·아견·아만·아애의 마음에서 비롯되었기 때문에 거의 자동적으로 '무엇보다 사랑스럽고 소중한 내 이익에 반하는 일을 저지른, 내가 아닌 그놈을 용서할 수 없다'라는 식의 감정이 솟아난다. 그게 분노다.

그런데 잘 생각해보면 화내는 것은 법칙적이라고 해도 좋을 만큼 본인에게는 기분 좋지 않은 일이다. 예외적으로 울분을 풀고 시원해지는 경우는 있지만, 대부분의 분노는 화를 내고 있는 것 자체로 기분이 나쁘다. 결국 번뇌다. 그런데도 우리는 화를 내고 만다. 즉, 화를 내서 자신을 불쾌하게 만드는 것이다. 왜 그럴까?

그것은 비록 기분이 나빠져도 자신을 지키고 싶다, 자기가 제일 사랑스럽다, 세상의 중심이어야 한다는 믿음이 있기 때문에 다른 사람이 그것에 반하는 일을 하면 용서할 수 없게 된다.

분노의 예와 마찬가지로 다른 수번뇌도 무의식의 네 가지 근본번뇌와 의식의 여섯 가지 근본번뇌의 조합으로 작용이 일어난다고 생각된다.

그림을 보자. 말나식의 자리에 네 가지 근본 번뇌가 있고, 이제 여섯 가지 근본 번뇌가 의식상에 나온다. 그것이 현상세계와 만나게 되면 여섯 개 가운데 어느 하나와 스무 개 가운데 어느 하나의 조합으로 구체적인 번뇌가 드러나는 것을 알 수 있다.

이 네 가지 근본번뇌는 항상 작용하고 있는데, 그것을 바탕으로 해서 여섯 가지 근본번뇌는 경우에 따라 다르지만 여섯 가지 중 어느 하나가 작용해서 수번뇌가 나온다.

|표 5| 마음의 삼층 구조와 번뇌의 메커니즘

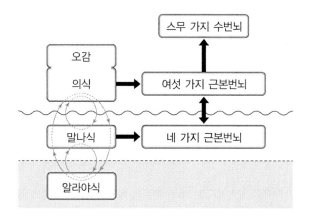

4) 질투의 메커니즘

질투의 경우를 생각해보면, 먼저 말나식에는 '아치·아견·아만·아애'의 마음이 있다. 그리고 의식에서는 나와 남을 나누어놓고 비교하는 '만'의 마음이 있다. 그런 자만의 마음으로 사람을 보게 된다. '그 녀석은 나보다 한수 위다'라고 질투하는 마음은 비교의 마음에서 생기는 것이다. 비교를 하고, 자신과 상대는 다른 사람이고 그 사람이 행복하다든가, 유명하다든가, 머리가 좋다는 것으로 질투를 하게 되는 것이다.

나누고 비교해서 자신보다 좋은 것을 가지고 있으면 질투를 하게 된다. 질투라는 것은 말나식의 근본번뇌와 거기서 나오는 자만의 마음을 조합하여 태어난다. 유식에서는 이것을 잘 설명하고 있다.

5) 우울의 메커니즘

다음으로 우울을 생각해보자. 이것은 우리가 많은 지위나 명예나 재물과 같은 것을 가지고 있어야 한다는 확신과 '탐욕'의 마음과 동시에, 자신을 남과 비교해서 항상 잘난 체하고 싶다고 하는 '자만'의 마음, 그 두 마음이 있으면서 일이 잘 풀리지 않을 경우에 우울하게 된다.

우리가 왜 우울에 빠져드는가 하면, '나는 절대적으로 세계에서 지켜야 할 최고의 것이므로 나는 행복해야 하고, 남보다 위에 있어야 하는' 것으로 인생을 생각하고 있으면, 그것이 잘 되지 않을 경우 우울하게 되는 것이다. 인생에는 풀리지 않는 일이 종종 있기 마련이다. 그렇게 되면 우울에 빠지지 않을 수 없게 된다.

6) 죽음의 공포 메커니즘

스무 가지 속에 포함되지는 않지만 죽음의 공포가 어떻게 일어나는지도 생각해보자. 아치·아견·아만·아애의 작용으로 인해서 실체로서의 나·나의 생명에 절대적으로 집착한다. 그럼에도 불구하고 여러 가지 사실이나 정보를 통해서, 아무래도 나를 포함해서 모든 인간은 죽게 된다고 생각하면 죽음의 공포가 솟아나게 된다.

7) 알라야식은 곳간이다

인간의 마음의 우울이라든지, 불안, 공포라든지, 성냄이라든지, 질투 등 모든 수번뇌가 이런 메커니즘에 의해서 일어난다. 이러한 설명을 더 배우면 배울수록 과연! 하고 납득하게 된다.

여기까지는 말하자면 질병의 진단에 대한 이야기로, 병의 진단은 무엇을 위해서 하는가 하며, 환자들로 하여금 질병을 자각하도록 하고, 치료하면 나을 수 있다는 것을 추천하기 위해서이다. 절대 절망시키기 위해서 진단하는 것이 아니다.

유식의 번뇌론은 인간을 절망시키기 위해서 하는 것이 아니다. 인간은 대부분 정도의 차이는 있지만 전부 이런 구조로 되어 있어 번뇌에 시달리고 있다는 것이다. 그리고 고민하고 있다는 것은 자신도 고민하고 있고, 다른 사람도 고민하고 있다는 것이다. 이것은 몹시 좋지 않다. 그러나 이것은 어쩔 수 없는 것이 아니다. 어떻게든 할 수는 있다. 그러니까 어떻게든 해보자는 것이다.

따라서 이야기는 여기서 끝이 아니다. 정리를 해보면 먼저 번뇌의 근원이 되고 있는 것이 말나식이고, 이것이 의식에서 번뇌를 만드는 바탕이 되고 있다. 또한 그 밑바닥에는 알라야식이 있는데, 쌓여 있는 카르마의 종자가 번뇌의 종자뿐이기 때문에 그것이 싹을 틔우고 번뇌가 나오는 것이다.

알라야식은 곳간이며, 전통적인 유식이 말하고 있는지는 모르겠지만 내가 생각한 비유로는, 거기에 불량 재고가 가득 차 있는 것과 같다. 따라서 출고되는 물건은 당연히 불량품인 셈이다.

하지만 그런 경우 그것은 곳간이 나쁜 것인가? 재고가 나쁜가? 물론 재고다. 그렇다면 곳간을 헐지 않고도 불량 재고를 모두 버리고 우량 재고로 바꾸면, 곳간은 그대로 훌륭한 물건을 출고할 수 있게 되는 것이다.

인간의 마음이 알라야식·곳간이라는 것은 지금은 번뇌의 씨앗만 쌓여 있지만, 그대로 깨달음의 씨앗을 옮겨 심을 수 있다는 것이다. 이것이 불교의 메시지다. 지금은 번뇌의 씨앗뿐이지만 깨달음의 씨앗을 옮겨 심을 수 있다. 그 방법이 나중에 이야기 할 '육바라밀'이다.

4

팔식은
지혜로 전환할 수 있다
사지설

알라야식을 바꾸면 말나식이 바뀌고, 말나식이 바뀌면 의식도 오감·오식도 바뀐다. 즉, 팔식八識이 사지四智로 전환되는 것이다. 다음으로 이러한 사지, 네 가지 지혜에 대해서 이야기하도록 하겠다.

우리의 의식은 보통 수번뇌로 인해서 자주 시달린다. 그래도 예를 들면, 무아라는 것을 배우면 이를 이해할 수 있게 된다. 우리에게는 그러한 능력이 있어서, 좀 더 배우면 일단은 느끼게 된다. 사람이 어떤 행위를 하면 그 영향력이 남아 있게 되는데, 인도 그리고 불교에서는 어떤 행위와 행위가 남기는 잔존영향력을 모두 합친 것을 '카르마karma, 業'라고 한다.

예를 들면, 우리의 깨달음으로 이어지는 그런 공부를 하는 것은 이게 마음의 카르마로 나중에 영향력을 남긴다. 그것을 '종자種子'라고도 부른다. 유식에서는 이를 그러한 카르마의 종자가 알라야식에 쌓이는, 현대적으로 말하면 '기억된다'고 말한다.

우리는 '무아'라든가 '공'이라고 하는 것을 배우면 기억을 한다고 말하긴 해도, 적은 양의 학습으로는 일상적으로 생각나지 않는다. 하지만 사람들과 말해보면, '그래, 무아가 그런 의미였구나'라고 생각나는 정도로 기억은 하고 있다. 그러나 사람과 만나는 순간에 "아, 당신과 나는 사실은 공에 있어서는 하나로군요"라는 식으로 떠올려 생각하지는 않는다.

예를 들면, 불교서적을 읽었을 때 또는 이야기를 들었을 때, '그래 공이었구나'라는 정도의 미약한 기억은 남는 법이다. 그런데 왜 미약한가? 그것은 심은 씨앗이 적으면 당연히 싹트는 것도 적은 것과 같은 원리이다. 그럼 싹트는 것을 많이 만들고 싶으면 어떻게 하면 좋을까? 씨앗을 많이 심으면 된다. 단순명쾌한 논리다.

요컨대 의식적으로 '실체로서 나라는 건 확실히 없구나'라고 생각하면서, 깨달음으로 이어질 수 있는 카르마를 오감과 의식, 즉 육식의 수준에서 실행하면, 그것이 말나식의 생각을 조금씩 정화하게 되는 것이다. '우주와 일체이다'라고 생각하려고 해도, 마음속의 말나식으로부터는 '그렇지만, 그래도'라는 마음이 생기게 된다. 그러나 그 '그래도'라는 생각은 틀렸다는 것을 꾸준히 배우다 보면 조금씩 기억에 머물게 된다. 그러면 머지않아 '실체적인 내가 있는 것 같지만 사실은 공기, 물, 태양과 같은 것이 없으면 살아갈 수 없구나!'라는 생각이 문득 떠오르는 경우가 있을 것이다.

깨달음의 종자를 충분히 넣으면 많은 싹이 트여서, 들어갈 때와 나올 때에 말나식을 정화해간다. 정화 작용이 계속되면, 머지않아 말나식이 다른 것으로 변해가는 것이다.

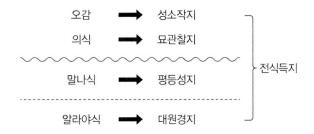

알라야식의 불량재고가 모두 우량재고·깨달음의 종자로 바뀐다면 어떻게 될까? 우주와 나의 참 모습이 모두 분명하게 비치는 완전한 거울과 같은 지혜, '대원경지大圓鏡智'라는 마음이 된다. 완벽한 우주의 진리를 분명히 모두 밝혀낼 수 있는 우주 크기만 한 그런 마음이 되어간다.

그러면 거기에 영향을 받아서 마음속 말나식은 자신과 우주, 자신과 타자, 그런 것은 상대적으로 구분은 할 수 있지만, 근본적으로는 원래 일체이고, 평등하다는 것을 마음속으로부터 정말로 생각할 수 있다고 하는 마음으로 바뀐다. 이것을 '평등성지平等性智'라고 한다.

마음속 깊은 곳이 그러한 방식으로 바뀌면 의식적으로 세계와 나, 세계와 타자 등 여러 가지 것들이 비록 임시로 나뉘어 있지만 사실은 일체고, 단지 현상적으로만 나누어져 있다는 식으로 관찰하고 통찰할 수 있게 변하게 된다. 이것을 '묘관찰지妙觀察智'라고 한다.

그리고 지금까지 자신에게 좋은 것 이외는 보지 않고, 듣지 않는다는 식으로 작동하던 오감이 세계의 있는 그대로의 모습을 보고, 이루어져야 할 일을 이룰 수 있는 지혜로 바뀐다. 이것을 '성소작지成所作智'라고 한다.

팔식의 마음이 네 가지 지혜의 마음으로 변화를 이루어낸다. 이와 같이 팔식이 전환되면서 '지혜'를 얻는 것을 '전식득지轉識得智'라고 한다. 미혹의 씨앗을 깨달음의 씨앗으로 바꿔서 알라야식에 가득 뿌려주면 알라야식이 달라지고 전체가 달라진다.

그리고 여기가 중요한데, 인간의 의식이라는 것은 마음만 먹으면 의식적으로 깨달음의 씨앗을 알라야식에 뿌릴 수 있게 되어 있다는 것이다. 또한 알라야식은 깨달음의 씨앗이든, 미혹의 씨앗이든 모두 모을 수 있도록 되어 있다는 것이다. 그래서 인간은 누구나 깨달을 가능성이 있다는 것이다.

먼저 번뇌를 이야기했지만, 인간의 의식은 다음과 같은 선한 마음의 작용을 할 수도 있다. 이런 마음의 작용은 나중에 이야기할 육바라밀과 같이 그 자체가 깨달음을 얻기 위한 방법이라고 생각되지는 않지만, 물론 '선善'의 마음의 카르마이기 때문에 마음을 정화하는 작용이 있다.

선의 마음은 다 그렇지만 그중에서도 무치無癡, 즉 어리석지 않은 것은 역설적으로 말하면 '지혜'며, 의식적으로 배우는 지혜는 네 가지 지혜四智에 이르기 위한 중요한 준비가 된다.

| 표7 | 열한 가지 선한 마음 작용

▶ 선善
- 진심眞心(신信) 내적 반성(참慚) 대타적 반성(괴愧) 탐하지 않음(무탐無貪)
- 화내지 않음(무진無瞋) 어리석지 않음(무치無癡) 노력(정진精進) 상쾌함(경안輕安)
- 게으르지 않음(불방일不放逸) 평정함(행사行捨) 해치지 않음(불해不害)

우리는 평범하게 성장하면 인류라든지, 국가라든지, 학교라든지, 가정이라든지, 현대의 매스컴이라든지, 아무튼 그러한 곳 전부에서 분별성의 종자만을 배우게 된다. 그리고 모든 분별지分別知의 종자만으로 마음속 깊은 곳이 대부분 채워져 버린다. 즉, 결국에는 자신에게 집착하는 마음을 만들어버리고, 자신에게 집착하여 매일 고민하면서 주변 사람들도 괴롭히면서 살아가게 된다.

그런 상태이긴 하지만 인간은 의식적으로 정화작용을 해서 완전히 정화가 되면, 이러한 네 가지 지혜로 변화할 수 있는 구조적 가능성을 갖고 있다고 말할 수 있다. 예를 들면, 말을 이해하는 능력은 스스로 만든 것이 아니다. 무엇 때문인지 몰라도 말을 사용하는 능력이 갖추어져 있다. 의식도 내가 스스로 만든 것이 아니다. 무엇 때문인지 몰라도 의식도 주어져 있는 것이다. 그 의식도 "이봐요, 나는 바닥과 대지와 연결되어 있지 않나요?"라는 말을 들으면, 정신이 퍼뜩 든다. 그렇게 되어 있는 것이다.

우리는 알려주면 안다. 듣고 알게 된 것은 외운다. 근데 기억력이 부족하면 좀처럼 기억이 안 난다. 하지만 많이 외우다 보면 항상 생각나게 된다. 기억하고 생각하고, 기억하고 생각하고를 계속하다 보면 마음이 정화되어가는 것이다.

지금 대학에서 가르치고 있는 학생들이 어느 단계까지 나아가면, 이런 말을 해준다. "너희들은 얼마 전까지만 해도 너희들이 혼자 사는 줄 알았지? 그런데 90분 수업 전반부에 수십 번 들으면서 '아, 나는 부모 덕, 조상 덕, 식물 덕, 물 덕, 공기 덕, 지구 덕 … 덕택에 살고 있구나' 하는 생각을 갖게 되지 않았니? 얼마 전까지 부모님이나 주위 사람들에게 '고맙다'라고 말하지 않던 너희들이 '고맙다'라고 말하게 됐다고 보고서에 써주고 있지? 자신이 변해가고 있잖아. 결국 그렇게 사람은 변할 수 있는 거야. 배우면 달라질 수 있는 거야. 그건 마음이 구조적으로 그렇게 되어 있기 때문이야. 이건 설명도식에 불과하다고 할 수도 있지만, 실제로 듣고 알게 된 것을 기억하고, 기억한 것이 생각난다고 하는 현상이 내 안에서 일어나고 있지! 그렇다면 이 도식은 내 마음을 비추기 위한 설명도식으로서 매우 유효하고, 타당성이 있다고 생각해도 좋지 않을까?"

유식에서는 역시 말로 가르침을 배우고 그것을 마음속에 스며들게 한다는 것이 큰 핵심이 된다. 물론 육바라밀 전부지만, 육바라밀 중에서도 특히 의식적으로 지혜의 말을 듣고 그것을 가슴 깊이 스며들게 한다는 것이 큰 핵심이다. 진리의 말씀을 스며들게 하는 것을 '훈습薰習'이라고 한다.

예를 들면, '연기'에 대해서 듣고 이해했다면 기억한다. 듣고 외우는 일을 반복하면 마음속 깊이 '그래, 그게 사실이지'라는 생각이 쌓이는 것이다. 그리고 때때로 문득 '분별적으로 생각을 하게 되지만 사실은 연기였지! 저 자식이라고 생각했는데, 저 사람도 같은 인간이야, 같은 중생이야'라는 생각이 떠오르게 되는 것이다.

마음속 깊이 전체적으로 훈습해나가기 위한 방법론 세트가 바로 '육바라밀六波羅蜜'이다. 유식에서는 특히 의식적인 지혜를 말로 학습하여 훈습하는 것이 핵심이다.

나는 대학교 수업에서 이런 설문조사를 한다. 우선 "내 목숨이 내 것이라고 생각합니까?"라고 물으면 "그렇게 생각한다"라는 답변이 70~90%에 이른다. "그것은 당연한 것이 아닙니까?"라고 써놓은 경우도 있다. 그런데 반년 정도 수업을 들으면, "그렇게 생각하지 않는다. 자신의 것이기도 하고, 주위의 사람의 것이기도 하고, 세계와도 관련되고 있기 때문에 자신만의 것이 아니다"라는 식으로 쓰는 학생이 70% 이상이다.

"자신이 가장 소중하다고 생각합니까?"라는 물음에 대한 답도 처음에는 역시 70~90%의 학생이 "제일 소중하다"라고 쓴다. 그런데 나중에는 "자신도 소중하고, 모두가 소중하다"라고 쓰게 된다.

내가 하는 수업은 선택 과목이기 때문에 원래 종교에 관심이 있어서 수강하러 온다고 이야기한다. 그러니까 비교적 솔직한 학생들이 많고, 굉장히 삐딱하거나 버티고 있는 학생은 적기 때문에, 이것을 현대 젊은이들의 전반적인 상황이라고는 생각하지 않는다.

물론 뻗대고 비꼬여 있는 아이에게 유식의 가르침이 당장 통하는 것은 아니다. 하지만 여러 가지 방법을 사용하여 이런 점을 깨닫게 해주면 달라질 것이라고 생각한다. 적어도 '나는 안 된다'라고 하는 자기 부정감이 강한 아이의 경우, 유식과 나중에 이야기할 방법을 아울러 사용하면, 반년이나 일 년 후에는 상당한 비율로 자기 긍정감을 얻게 된다.

이것도 나중에 말하겠지만 인간은 단계를 뛰어넘어 단박에 성장할 수 없기 때문에 천천히 단계를 밟을 수밖에 없다. 그러나 적절한 방법으로 전달하면, 인간은 진리의 말을 배워서 자기변용自己変容, self transformation을 할 수 있도록 구조적으로 되어 있다고 생각한다.

결국 유식으로 말하면 인간의 마음은 팔식에서 네 가지 지혜로 전환을 이룰 수 있다. 그리고 이러한 전환이 이뤄진 상태를 '부처, 붓다, 깨달은 사람'이라고 말하는 것이다. 정리해서 말하면 유식의 인간관은 다음과 같다.

우선 보통 사람은 팔식의 범부라고 할 수 있다. 그리고 궁극은 사지四智의 부처이다. 중요한 것은 '붓다'는 원래 '깨어 있는 사람'이라고 하는 의미이므로, 신비한 초능력자가 아니라 '사람'인 것이다.

다시 말하면 '범부는 부처가 될 수 있다'는 것이 불교의 기본 주장이고, '범부는 부처가 될 수 없다'라는 의미에서 특정한 부처에게 매달린다는 것은 본래 불교가 아니라고 생각한다. 물론 방편으로는 인정된다고 해도 고타마 붓다에서 대승불교로 흘러가는 본래의 불교는 '범부가 부처가 될 수 있다'라는 사상이다.

더구나 유식에서는 그것을 단순히 말로 하는 것이 아니라 대단히 단계적으로 서술하고 있다. 결국 범부가 범부인 채로는 안 된다는 것을 깨닫고, 범부가 아닌 깨달음의 존재가 되고 싶다고 생각한다면 '깨달음을 구하는 존재, 즉 보디샷트바Bodhisattva · 보살'이 된다는 것이다. '인간은 범부로 태어나서 마침내 보살이 되고, 붓다가 될 수 있는 존재이다'라는 것이 불교와 유식의 본줄기라고 할 수 있다.

그러면 불교가 본래 해야 할 일은 범부인 자신이 보살이 되어, 가능하면 다른 사람도 붓다에게 다가가서 그렇게 되도록 인도한다는 것이다. 자기파의 교주를 숭상하게 하고, 교의를 믿게 하고, 자신이 소속된 교단의 신도를 늘리는 것이 교화나 포교의 본래 목적은 아니다.

5

마음은
단계적으로 성장한다
오위설

 범부에서 보살 그리고 붓다로 나아간다는 식으로, 팔식과 사지를 이야기하면, 이 단계에서 자주 나오는 반론적인 의문이, "그렇다고 해도 인간이 그렇게 될 수는 없죠. 무리예요"라는 것이다. 유식은 이런 의문들에 대해서 아주 잘 설명하고 있다.

 물론 갑자기 부처가 될 수는 없다. 그러나 범부가 범부인 채로는 안 된다는 것을 깨닫고 깨우치고 싶다면 깨우침을 찾는 존재인 보살이 되어야 하는데, 그 보살에게는 단계가 있다. 범부에서 보살 그리고 붓다로 마음이 성장하는 단계론이 있다는 것이 유식의 가장 큰 특징이다. 심리학으로 말하자면 발달단계론發達段階論이다.

 지금까지 이야기한 것과 함께 다시 한번 정리하면, 즉 삼성설은 심리기능론心理機能論 또는 인식론이고, 팔식과 사지설은 심리구조론心理構造論이라고 할 수 있다. 그리고 범부의 심리구조와 붓다의 심리구조를 밝힌 후에 어떤 단계를 거쳐 범부가 부처가 되는지를 서술하고 있는 것이 발달단계론이라고 할 수 있는 '오위설五位說'이다.

우리는 유식의 팔식사지론, 번뇌론을 공부하면서 '과연 그렇구나'라고 생각한다. 그리고 내 마음이 현 상태대로라면 번뇌는 끊어지지 않고, 고민은 끊어지지 않는다. 그것이 싫으므로 어떻게든 고민을 적게 하고 싶고, 극복하고 싶다고 진심으로 생각한다면, 그것이 이른바 '발심發心' 또는 '발보리심發菩提心'인 것이다.

유식에서는 그 발보리심의 첫 단계부터 궁극의 깨달음의 단계까지를 다섯 단계로 나누고 있고, 이를 '오위설五位說'이라고 한다.

먼저 첫 번째 단계는 '자량위資糧位'고, 이것은 글자그대로 자본과 식량을 쌓는 단계, 즉 여행에 비유하면 범부의 나라에서 멀고 먼 깨달음의 나라, 부처의 나라로 갈 여행을 준비하는 단계다.

긴 여행을 하기 위해서는, 예를 들면 여행을 위한 자금, 식량 등을 확실히 쌓아두고 준비를 해서 나서지 않고, 입은 옷 그대로 갑자기 뛰쳐나가 버리면, 가는 도중에 쓰러져 버릴 수도 있다. 자량위는 준비를 제대로 하는 단계이다.

이 단계에서 무엇을 하냐 하면, 예를 들어 유식을 지적知的으로 공부한다든가, 수행 방법론을 배운다든가, 가르쳐 줄 선생님을 찾는다든가, 그리고 함께 수행할 동료, 말하자면 여행 동료를 찾는 등 깨달음으로 나아가기 위한 준비를 확실히 하는 것을 말한다.

자량위는 어찌됐든 이런 이론을 알게 되고, '범부인 한은 고민이 끝이 없기 때문에 고민을 극복하고 싶다면, 깨달음을 향해서 출발하는 것밖에 방법이 없다'는 것을 공부하는 단계이다. 유식에서는 이것이 진심이 되었을 때부터를 '보살'이라고 부른다.

나는 유식을 배우는 분에게 "여러분, 강의를 듣고 어떻게든 깨닫고 싶다는 마음이 진심으로 든다면, 그것은 자량위에 들어갔다는 것입니다. 그렇게 되면 입문의 입문이지만, 이제 여러분은 보살입니다. 보살이라고 해도 초심 보살부터 부처님 직전의 보살까지 굉장한 거리와 폭이 있지만 초심이라도 보살은 보살이고, 오늘 그렇게 되었으니 다행입니다"라고 이야기한다.

그리고 이어서 "유식공부를 하는 것은 여행설명회라고 하는 게 좋겠어요. 유식해설서는 여행안내서 같은 것이죠. 아무리 뛰어난 여행안내서라도 어떤 사람이 아무리 능숙하게 여행의 즐거움을 강조해도 그것은 단순한 설명회입니다. 듣고 있는 것만으로도 즐거울 수 있지만, 여행설명회는 설명회일 뿐 여행은 아닙니다. 걷고, 버스를 타고, 비행기를 타고, …라는 식으로 실제로 움직이기 시작하지 않고서는 여행이 아닙니다"라고 이야기한다.

그리고 실제로 여행 또는 수행이 시작되는 단계를 '가행위加行位'라고 한다. 즉, 행을 더해 간다는 의미이다. 여기서는 무엇을 하냐면, 육바라밀을 실천하게 되는 것이다. 육바라밀을 실천하는 단계가 바로 가행위다.

여기서 육바라밀을 실천하면 점점 알라야식으로 깨달음의 종자가 훈습되어간다. 그 깨달음의 종자가 일정 정도 제대로 정확히 훈습되면 어느 순간 '그래, 이게 깨달음이란 말인가!' 하는 느낌의 체험이 아주 작은 입구 같은 체험이긴 해도 일어날 수가 있다. 이 단계가 '통달위通達位'다.

이것은 정말 작고 작은 체험일지도 모르지만, 진심으로 수행하고 있으면 반드시 일어난다. "그렇구나! 세계와 내가 일체라고 하는 것이 이런 것인가"라고.

그런데 이런 체험을 한다고 해서 내 안의 말나식이 완전히 정화되어 있느냐 하면 전혀 그렇지 않다. 그런 상태지만 육바라밀, 특히 선정이 깊어지다 보면 어느 순간에 나와 타자, 나와 우주, 그런 것들이 정말 하나라는, '무'라든가 '공'이라는 말로 표현할 수 있는 그런 체험을 하게 된다.

그런데 그러한 체험을 한 수행자들이 있고, 나도 조금은 하지만, 그러한 분들을 봐도 그렇고, 나를 돌아봐도 그렇고, 좀처럼 자신에 대한 집착은 버릴 수 없다. 결국 말나식이 아직 정화가 덜 된 것이다.

나 자신의 체험으로 말하면, "체험한 것은 확실한데, 전혀 몸에 배지 않고 일상화되어 있지 않다. 그 체험은 단지 망상이었나?"라는 의심이 솟구친다. '그렇게 체험했는데도 불구하고 자아가 정화되지 않았다. 이게 대체 어떻게 된 일인가? 어떤 종류의 체험을 한 것은 틀림없다고 생각하지만, 자신의 현 상태는 전혀 무아에 익숙해지지 않는다. 이게 도대체 무슨 일일까?' 하는 생각 때문에 유식을 공부하게 된 것이다.

'통달위'라고 하는 것은 첫 번째 체험 단계다. 그런데 유식에서는 그것과는 별도로 그것들이 모두 몸에 배어 자신의 것이 되는 단계를 설정하고 있다. 그것을 '수습위修習位'라고 한다. 수행하면서 익히는 단계를 말한다. 그리고 팔식이 전면적으로 사지로 바뀐 궁극의 단계를 '구경위究竟位'라고 한다.

유식에서는 이런 다섯 단계로서 수행의 단계를 설명하고 있다.

이 다섯 단계의 설명이 나에게는 매우 설득력이 있었다. "글쎄, 아무리 공부해도 그것은 초입에 지나지 않거든. 머리로 아는 것은 낭비는 아니지만, 입구야." 그런데 이 입구에서 책을 읽고 "흐음, 불교는 좋구나"라고 하며 깨닫지도 못하면서 깨달은 것처럼 착각하는 사람도 간혹 있고, 읽고 읽어도 하나도 알 수 없는 채로 계속 읽고 있는 사람도 있다.

그것은 왜 그런가 하면 여행이므로 걷기 시작하지 않으면 달리 방법이 없는데, 행동하지 않기 때문이다. 여행서를 몇십 권 읽어도 움직이는 것을 대신할 수는 없다. 그런데 불교에 관해서는 이런 오해가 항상 일어난다. 일본은 근대적인 지식사회이기 때문에 지식이 몸에 습득되면 인격이 바뀐다고 착각하는 경우가 있다.

그러한 경향이 상당히 존재한다고 생각하는 실례로, 지식으로서 생명의 소중함을 가르치면 아이는 '생명은 소중하다'라고 생각하게 되고, 그런 식으로 행동하게 된다고 교육계의 많은 사람이 착각하고 있는 것처럼 보인다. 그러나 '생명은 소중하다'고 백번 말해도 본인이 진심으로 '소중하다'고 생각하기 위해서는 좀 더 다른 것이 필요하다.

깨달음도 그와 비슷하다. 유식으로 말하면, 어느 쪽도 육식六識의 문제가 아니라 말나식, 알라야식과 관련된 문제이기 때문이다. 깨달음의 이야기를 아무리 읽어도 그것은 머리나 의식으로 알았을 뿐이고, 실제의 깨달음과는 아득히 먼 것이다. 일정한 유효성은 있다고 해도 역시 '분별지'의 한 종류에 지나지 않는다.

그럼 어떻게 하면 좋을까 하는 질문에 대해서, 불교에서는 '깨닫고 싶으면 이렇게 해라'라고 말하면서 실천을 권한다. 즉, 육바라밀의 실천이 필요하다.

더구나 "분별지를 극복하려면 무분별지無分別知를 얻어야 한다. 무분별지를 얻기 위해서는 선정이 필요하다"라고 말하는데도 그것을 하지 않고 있다가 '무분별지에 도달할 수 없다'라고 한다면 그것은 당연한 것이다. 행을 하지 않으면 무분별지에 도달할 수 없다.

나 자신의 경우도 행을 한 결과 비록 작은 것이라고 할지라도, 무분별지적인 체험을 할 수 있었지만, 그래도 이 정도의 적은 체험으로는 말나식을 정화할 수 없다. 왜일까? 하는 의문에 대해서 유식에서는 입구에서부터 제대로 몸에 익을 때까지의 거리가 길다고 쓰여 있다.

유식에서는 자량위부터 통달위까지 나아가는 데 1겁劫, kalpa이 걸리는 것으로 되어 있다. 겁이란 고대 인도의 시간단위로 정신이 아찔할 정도로 긴 시간이다. 다만 이건 좀 인도적인 과장된 표현이고, 내 생각에는 이번 생에 평균적인 시민으로 태어나 돈도, 체력도, 지능도, 끈기도 보통이고, 그러한 사람이 진심으로 몇 년만 수행한다면 통달위의 입구의 입구 정도까지의 체험은 가능하다고 생각한다.

"다만, 진심으로 하지 않으면 안 됩니다." 강의에서 그렇게 말하면, 청중으로부터 "진심이란 게 어떤 것입니까?"라는 질문을 받는다. 나는 이렇게 대답한다. "여러분, 예를 들어 스키에 푹 빠졌다거나, 골프에 푹 빠졌다거나 그럴 때 어느 정도 하는지 상상하시면 이해하실 것입니다. 그 정도는 돼야죠."

스키를 좋아하게 되면, 예를 들어 보너스를 전부 털어 도구를 사거나 방학이 되면 끊임없이 산에 가서 타거나 한다. 골프를 좋아하게 되면 틈만 나면 잡지를 읽거나 TV를 보거나 하고 일요일은 반드시 골프연습장에 가고, 역이나 버스정류장에서 차를 기다리면서 스윙이나 퍼팅 흉내를 낸다. 그 정도로 열중해서 육바라밀, 특히 선정을 하면 대부분의 사람이 몇 년 동안 통달위적인 무분별체험, 깨달음의 입문적인 체험을 할 수 있게 된다.

전문 수행도량의 승려가 아니고 재가 수행자라도 몇 년 정도 진지하게 하면, '무라고 하는 것은 이런 것인가!' 하는 식의 체험이 일어난다. 하지만 그렇다고 바로 말나식이 정화되지는 않는다.

거기에 대해서도 유식의 설명이 있는데, 통달위에서 구경위까지 팔식이 사지로 전환되는 것은 2겁이 걸리는 것으로 되어 있다. 적어도 처음 체험할 때까지의 두 배는 걸린다는 것이다. 수행자의 현실을 보면 통달위에서 수습위까지 가는 것이 보통 최대한이고, 구경위까지 간 사람은 거의 없다고 생각해도 좋을 것이다.

그러면 수행의 노력이 헛된 것이냐 하면 그렇지 않다. 골프에 비유하자면, TV에서 타이거 우즈를 보고 멋있다는 생각을 했다고 하자. 하지만 TV를 보고 있는 것만으로는 아무리 봐도 잘 되지 않는다. 클럽을 사와서 흔들어보고, 쳐보러 가고, 골프장에 가보고 하는 연습을 통해 점점 능숙해지는 것이다. 그렇지만 보통 사람이 열심히 해서 우즈가 되느냐 하면 대부분의 사람은 그렇게 될 수가 없다. 우즈와 같은 천재적인 사람도 있지만, 대부분의 사람은 그렇게 안 된다. 될 수 없기 때문에 하지 않는가 하면, 거기까지 가지 않아도 꽤 즐겁다.

인격 성장도 그와 같아서 자아에 집착한 채 고민에 가득 찬 상태로 있는 것보다는 조금이라도 성장하면 인생이 상쾌해지고 점점 재밌어지므로 끝까지 도달하지 않아도 된다는 것이다. 그러한 목표를 가지는 것이 좋다. 궁극까지 가지 못하더라도 조금이라도 가까워지면 즐거워진다.

이 책에서는 생략하였지만 유식에서는 보살의 '십지十地'라고 하여 보다 세밀하게 통달위에서 구경위를 열 개로 나눈 단계론이 있다. '초환희지初歡喜地'라고 해서 처음으로 깨달은 기쁨을 체험하는 단계로부터 열 단계를 거쳐 서서히 부처 직전까지 가는 단계까지 있다.

이 오위설은 임상적인 수행현장을 살펴보면, 관념적으로만 꾸며낸 것이 아니라 확실히 자량위, 가행위, 통달위 그리고 새로운 단계로 향상해나가는 것을 관찰할 수 있어 '과연 그렇구나!'라고 납득할 수 있다.

통달위에서 다음 단계로 나아가면 말나식의 기능이 매우 약해진다고나 할까, 다른 말로 하면 유연해진다. 그리고 평등성지적인 마음의 작용이 비교적 자연스럽게 일어난다. 그렇다고는 해도, 말나식적인 것과 평등성지적인 것이 마음속에서 끊임없이 바뀌며 경쟁하는 관계에 있다. 평등성지만이 아니다. 그런데도 비교적 평등성지적인 마음, 묘관찰지적인 의식의 움직임을 할 수 있도록 점점 발전해간다.

그런데 예전의 임제선臨濟禪처럼, '돈오頓悟'라고 해서 미혹에서 깨달음으로 단번에 점프할 수 있다고 말하면, 갑자기 인격이 전면적으로 전환되는 것처럼 오해하기 쉽다. 나도 예전에는 그런 오해를 했었다.

그러나 임제종 내부로 들어가면 공안公案, 일명 깨달음 체험을 유발하기 위한 문제를 통한 수행체계가 있고, '초관初關을 투과하다', 즉 첫 관문을 통과했다는 최초의 깨달음에서 공안 삼천칙三千則이 끝나고, '대사요필大事了畢', 즉 깨달음이라는 큰일을 마쳤다고 하는 곳에 이르러서도 아직도 수행이 여전히 계속된다고 한다. 그리고 유식을 배우면 본래 인도 대승불교에서는 이런 식으로 단계를 밟으면서 서서히 변화하기 때문에 시간이 당연히 걸린다고 한다. 그러한 의미에서는 선禪의 '일초직입여래지一超直入如來地', 즉 부처와 여래의 경지에 단번에 들어간다는 '돈오'적인 방법보다는 유식의 오위설 쪽이 임상적인 설명으로는 타당성이 있다고 생각된다.

확실히 '삼겁三劫'이라고 말하면, 실제로는 '불가능하다'라고 말하는 것처럼 생각된다. 그러나 다시 한번 말하면, 이 '겁'이라는 개념은 인도적인 과장 표현이며, 고대 인도의 가난한 백성이라면, 원래 공부를 할 수도 없고, 수행할 틈도 없기 때문에 이번 생에는 깨달을 수 없었겠지만, 현대사회에서 체력, 재력, 지능, 끈기만 있는 사람이라면, 이번 생에 통달위에서 수습위의 중간 정도까지 갈 수 있다고 나는 보고 있다.

소질이나 남겨진 인생의 시간이 10년인지 20년인지 30년인지에 따라 어느 정도까지 갈 수 있을지는 모른다. 나의 경우는 통달위의 극히 입구 근처까지 왔다고 자각하고 있다. 그리고 이번 생에서 갈 수 있는 곳까지 가면 된다고 생각하고 있다.

유식적으로 말하면, 우리의 무의식의 세계, 알라야식의 세계는 인간이 된 이후의 카르마 또는 생명이 탄생한 이후의 카르마를 축적하고 있는 곳이다. 그러한 의미에서 방대한 양의 번뇌의 카르마를 가득 쌓아두고 있기 때문에 여간해서는 정화할 수 없는 것은 당연하다. 열심히 오랜 기간 노력한다면 완전히 정화할 수 없는 것은 아니다.

여담이지만 이 '궁극의 깨달음까지는 세 겁이 걸린다'는 이야기를 개인적으로는 좋아해서, 지금까지 유식 이야기를 할 때마다 소개해 왔지만, 앞으로는 그만두고자 한다. 요즘 젊은 사람 중에는 성질이 급한 사람이 많아 세 겁이 걸린다는 말을 하자 마자 "그렇게 길면 못 하는 거나 마찬가지잖아요. 전 하고 싶지 않아요"라고 말하곤 한다.

어쨌든 이 오위설에서 중요한 것은 우선 지적, 의식적으로 배워서 준비하고, 그리고 진지하게 수행하면 적어도 입구에는 갈 수 있다고 하는 점이라고 생각한다. 중요한 것은 이번 생에 구경위까지 갈 수 있느냐가 아니라, 오로지 범부 그대로 번뇌에 시달리고 주위 사람들에게 폐를 끼치는 상태로 있기보다는 적어도 자량위에서 가행위, 가능하면 통달위의 문턱까지 도달해서 조금이라도 즐겁고 풍요로운 삶을 살 수 있게 되는 것이 낫다는 것이다.

'구경위'에 반드시 도달해야 하고, 도달하지 않으면 의미가 없는 최종 목적지라고 생각하는 것이 아니라, 인간의 성장, 마음의 정화라는 여행에서 옆길로 벗어나지 않기 위해서 아득히 저쪽에 표시를 세워두는 것이라고 생각하면 좋을 것이다. 그렇게 파악한다면 유식의 오위설은 우리 현대인들에게 의미 있는 불교의 가르침이 될 것이라고 생각한다.

6

마음의 심층을
정화하는 방법
육바라밀

지금까지 심리기능론, 심리구조론, 발달 단계론이
라는 원리론을 이야기했다. 이쯤 되면 '그럼 어떻게 하면 좋을까?'라는 물음
이 나올 것이고, 그 답으로 '이렇게 하세요'라는 것이 육바라밀이다. 그래서
불교적 심리학의 임상실천이라는 의미에서 육바라밀의 내용을 구체적으
로 설명하고, 현대적으로 적용해서 그것을 실천하도록 이끌어 가는 것이 목
표가 된다.

하지만 육바라밀의 실천까지 가기 어려운 사람들을 위해 마음을 정리하
는 방법론으로서 합리적 정서행동치료를 제공하고자 하는 것이 이 책의 목
적이다.

실제로는 합리적 정서행동치료와 육바라밀을 병행해서 실천해도 좋지만,

유식 이외의 불교사상을 배운다든가, 선정수행을 한다든가, 또는 보시를 행한다든가 하는 것이 실천적으로 좀처럼 잘 되지 않는다고 실감하는 경우가 있다. 그럴 때의 좌절감이나 우울 또는 보다 일상적인 생활 속에서의 감정적인 혼란 등에 대해서 합리적 정서행동치료적인 대처법을 사용하면 꽤 마음이 편해지고 여유가 생긴다. 이러한 여유가 생기고 나서 육바라밀을 실천하는 편이 무리가 없고, 유효성이 높다고 나는 생각한다.

본서의 절반 정도는 합리적 정서행동치료에 할애할 필요가 있기 때문에 육바라밀에 대한 자세한 것은 다른 책을 참조하는 것으로 하고, 이 책에서는 보시布施, 지계持戒, 인욕忍辱, 정진精進, 선정禪定, 지혜智慧 각각의 기본적인 것만을 말해두려고 한다.

1) 우주가 우주를 위해서 하는 것 - 보시

지금까지의 유식이론을 통해서 육바라밀을 다시 생각해보면, 여러분이 보통 생각하는 육바라밀보다 더 깊은 의미를 갖고 있다는 것을 알 수 있다.

'보시'는 보통 무엇을 주는 것이라고 생각한다. 하지만 '준다'라고 하는 발상은 나와 상대방 사이에 분리가 있고, 이쪽이 위이고, 상대방이 아래라고 하는 관계성을 말한다. 그런데 대승불교의 유식적인 보시는 주는 나(施者)와 받는 너(受者)와 받는 것(施物), 이 세 가지가 모두 공空이어야 한다. 이를 '삼륜공적三輪空寂의 보시'라고 한다. 이 세 가지 요소가 모두 공한 보시가 아니면 대승의 보시가 되지 않는다.

"나와 당신은 구별은 있지만, 사실은 일체의 우주, 일체의 우주 안에서 당신도 나도 생명이고 인간이다"라고 마음에 둔다. "그 모든 것은 우주의 재산이고, 우연히 이쪽에는 남아돌고 있고, 그쪽에는 부족하다고 하면 우주가 우주의 것을 유용하게 사용하는 것은 당연하다"라고 하는 것이 된다.

내가 당신에게 주는 것이 아니라 우주가 우주의 필요에 따라서 움직이고 있을 뿐이다. 사실은 그런 것이라고 생각하면서 형태상으로는 실제로 주는 것이다. "나와 너는 별개의 인간이고, 내가 위에서 아래에 있는 너에게 주는 거야"라고 말하는 것이 아니라, 우주의 자연으로 말하자면 "물은 높은 곳에서부터 낮은 곳으로 흐르는 것과 같이" 보시하는 것이다. 물은 높은 곳에 있다가도 물길이 닿으면 낮은 곳으로 자연스럽게 흘러가기 마련이다. 그런 마음으로 베푸는 것이 보시의 정신인 것이다.

보시의 주된 내용은 진리의 가르침을 베푸는 법시法施, 돈 등을 베푸는 재시財施, 두려움이 없는 마음, 즉 편안한 마음을 만들어주는 무외시無畏施 세 가지이다. 그리고 더 나아가 누구나 할 수 있는 것으로 '돈이 없이 베푸는 일곱 가지 보시(無財七施)'가 있다. 상냥한 눈빛으로 사람을 본다, 상냥한 얼굴을 한다, 부드러운 말을 건넨다, 몸을 사용해서 할 수 있는 일을 한다, 자리를 양보한다, 마음으로 생각한다, 숙소를 빌려준다는 일곱 가지이다.

이것 또한 '원래는 일체이지만, 헤어져 있는 나와 당신이 만나는 것은 멋진 일이다'라는 생각을 가지고 한다면 '보시'가 되는 것이다. '자원봉사'라는 것은 내가 자발적으로 한다는 뜻이지만 보시는 개인으로서 내가 하는 것이 아니다. 보시는 사실 우주가 하는 것이다. 우주로서의 내가 하는 것이다.

2) 자신을 위한 자신의 컨트롤 - 지계

'지계'라는 것은 범부인 내가 보살로 성장하고 싶다고 생각했을 때 행하는 훈련이다. 알기 쉽게 스포츠에 비유해서 이야기하자면, 좋은 기록을 내고 싶은 선수가 훈련을 하는 동안 먹고 자고, 먹고 자는 불규칙한 생활을 한다면 기록을 늘릴 수가 없을 것이다. 기록을 늘리고 싶다는 것은 본인이 스스로 정한 것이고, 그것을 목표로 해야 할 일을 하고, 안 할 것은 안 하는 것은 당연한 것이다. 지계라는 것은 이와 비슷해서 '자계自戒', 즉 스스로 지키는 것이며 '자율自律'이다.

다시 말하면 선생님인 스님으로부터 귀찮은 금지사항을 잔뜩 받고서 마지못해 하는 것이 지계가 아니라, 깨달음을 얻고 싶다고 스스로 목표를 정한 것이기 때문에 그것을 위해서 해서는 안 되는 일도 있고, 하지 않으면 안 되는 일도 있다. 한다, 하지 않는다는 것을 자율적으로 행하는 것이며, 자신을 위해서 스스로 자신을 제어하는 것이다.

자신을 위해 자기를 제어한다고 생각하면 지계라는 것은 답답한 것이 아니고, 오히려 반드시 꼭 해야 한다는 것을 알게 된다. 이것은 특정 불교가 정한 십계十戒라든가, 이백오십계라든가 그러한 것에 한정되는 것이 아니라, 지금 자신의 생활에서 범부에서 보살로, 보살에서 부처로 성장하고 싶다면 그에 걸맞지 않은 일은 하지 않겠다, 걸맞은 일은 제대로 해나가겠다는 것이다.

3) 자신의 아픔을 견디다 - 인욕

다음은 '인욕'이다. 이것은 우연히 '치욕恥辱'이라고 한역되었지만, 싫은 일, 괴로운 일을 포함해 날씨가 나쁘다든가, 길이 험하다든가, 사람이 괴롭힌다든가 하는 등 인생에서 일어나는 모든 괴로운 일을 참는다는 의미이다. 그저 참는다고 하면 싫은 일도 참는 것으로 치부되기 쉽다. 하지만 대승불교의 육바라밀의 인욕은 그런 것이 아니다.

우선 인욕의 '인忍'은 인식의 '인認'과 같은 의미이다. 특히 다른 사람으로부터 모욕을 받았을 경우 '타인이 나를 모욕한다'라고 파악하는 것은 보통의 분별지이다. 그런데 무분별지에서 말하면, 다른 사람과 나는 일체이기 때문에 다른 사람이 나에게 상처를 입힌다는 것은 대체 무슨 일이 일어나고 있는지에 대해 생각해보아야 한다.

가장 알기 쉬운 예를 들어 설명하자면, 길을 걷다가 발이 돌부리에 걸려 넘어지면서 두 손이 까졌다고 해보자. 까져서 아프다고 생각했는데, 돌에 부딪혔기 때문에 다리에서도 많은 피가 나고 있었다. 손은 가벼운 찰과상, 다리는 피가 날 정도로 상처를 입었다면 어떻게 해야 할까?

"네 맘대로 넘어졌으니까 내가 알 게 뭐냐." 그렇게 말하고, 손이 발을 상대하지 않는다거나, "너 때문에 이렇게 상처를 받았다"라고 해서 발을 괴롭힌다거나 하지 않는다. 손은 아프지만 일단 찰과상으로 끝났다. 물론 어떠한 책임도 없는 손이 스스로에게 상처를 입힌 다리의 상처를 치료해준다.

왜 그것이 가능한가? '일심동체一心同体'이기 때문이다. 하지 않을 수가 없다. 손은 발을 그냥 놔둘 수가 없다. "발과 나는 별개다. 그러니까 나에게는 아무런 책임도 없다" 등이라고 말할 수가 없다. 자신도 심한 일을 당하고 있음에도 불구하고, 책임이라든지 의무라든가 하는 것이 아니고, 같은 신체가 상처를 입고 있으면, 상처가 얕은 부분이 상처를 많이 입은 부분을 치유하는 일이 생긴다.

그와 비슷하게 사람들이 나를 박해하는 것은 발이 잘못해서 손에 상처를 주는 것과 같다고 할 수 있다. 자세히 보니 저쪽도 피를 흘리고 있다. 복수 따위는 생각하지 말고 오히려 돕는다. 같은 몸이라면 적어도 복수는 하지 않는다. 치료까지는 하지 않더라도 복수를 할 까닭은 절대 없다.

사실은 일체인데 그것을 모르고 있기 때문에 나 자신이기도 한 나를 잘못하여 상처를 입혀버린다. 맞받아치면 점점 같은 몸의 상처만 깊어질 뿐이다. 그러니까 맞받아치지 않겠다는 것이 '인욕'의 마음이다.

평등성지적으로 말하면 남과 내가 일체라는 것을 인식하고, 아직 실감이 나지 않기 때문에 실감을 얻기 위한 연습으로서 '사실은 한 몸인데 잘못해서 상처를 준 것이다. 다시 하면 내 상처가 깊어지므로 그만두자'라는 식으로 생각을 하게 되는 것이다. 이것이 인욕의 본질이다. 다시 말하면 그것은 말나식을 평등성지로 바꾸기 위한 훈련이기도 하다. 상대를 불쌍히 여겨 용서해주는 것이 아니다. 자신의 수행을 위해서 인욕하는 것이다.

우리는 말나식이 강하기 때문에, 좀처럼 그렇게 받아들이기 어렵지만, 그렇게 받아들이면 사람으로부터 치욕을 당하거나 따돌림을 당하거나 하는 것을 참고 있는 것 자체를, '아, 수행하게 해주어서 고맙다'라고 느낄 수 있다.

달라이라마는 어느 때 기자가 "가장 수행하게 해준 이는 누구입니까?"라고 질문했을 때, 유머를 실으면서 "마오쩌뚱입니다"라고 대답했다고 한다. 나는 그 이야기를 듣고 과연 현대 대승불교의 대표적인 리더라고 할 만하다는 감명을 받았다.

4) 유한한 인생을 사는 마음가짐 - 정진

'정진'은 특정한 일이 아니라 육바라밀 전체의 정신이라고 나는 해석한다. 모든 것이 무상이기 때문에 개체로서의 우리의 삶도 유한하다. 그 유한한 인생 중에서 만일 가능하다면 범부에서 보살, 부처로 성장하고자 하는 인간 성장을 이루려고 하는 것을 진심으로 원한다면, 쓸데없는 일을 하고 있을 여유가 없다는 것이다. 이번 생에 비록 잠시라도 배우고 싶다면, 한눈 팔지 말고 정진하지 않으면 육바라밀을 충분히 실행하기에도 시간이 부족하게 된다.

예를 들어, 보시에 대해 말하자면, 극히 평범한 일상생활을 하고 있고, 남편과 아버지로서 나는 부드러운 말을 건네는 '언사시言辭施' 수행을 할 기회가 아침부터 시작된다. '안녕'이라는 기분 좋은 인사를 하느냐, 언짢은 태도를 취하느냐 어느 쪽으로 하느냐는 한순간 한순간이 인생을 보시적으로 살아가고, 지계적으로 살아가고, 인욕적으로 살아갈 기회이기 때문에 그 기회를 놓치지 않는 것이 중요하다.

대승불교가 매우 뛰어나다고 생각하는 것은 마음가짐에 따라 일상생활에서도 수행할 수 있다는 것이다. 일상생활의 모든 것을 수행의 기회로 놓치지 않는 그것이 정진의 기본자세라고 이해할 수 있다.

그러니까 정진이란 다른 책은 일절 읽지 않고 불교경전만 읽는다든가,

회사를 그만두고 절에 틀어박혀 입선만 한다든가, 놀러 가지 않고 좌선만 한다든가 하는 것이 결코 아니다. 좌선만 하고 있으면 어떻게 보시를 할 것인가? 잠자코 앉아만 있으면 다정한 말을 할 수 없지 않은가?

이런 식으로 대승불교에서는 수레의 두 바퀴라고 하든, 여섯 바퀴라고 하든, 육바라밀 전체가 균형 있게 이루어질 수 있도록 잘 정비되어 있다고 생각한다. 정진이라는 것은 통틀어서 그 전체에 대한 마음가짐이라고 이해해도 좋을 것 같다.

5) 분별지를 뛰어넘는 방법 – 선정

육바라밀의 요점이라고도 할 수 있는 것이 '선정'이다. 번뇌의 근원인 무명은 요컨대 분별지이기 때문에 문제가 되는 것은 분별지, 즉 본래 연기적인 존재를 분리적으로 파악해버리는 심법心法이다. 이 분별지가 인간에게는 가장 큰 문제이다. 그러한 분별이 없는 지혜와 마음의 상태를 획득하기 위한 행이 선정禪定이다.

우리는 보통의 의식상태에서 언어를 사용해 생각할 때는 끊임없이 분별한다. 무분별지의 공부를 하고 있어도 그것을 분별하고 있는 것이다. 그래서 무분별지를 분별하고 있는 동안은 무분별지 그 자체를 체험하지 못한다.

그래서 한 번쯤은 눈은 확실히 뜨고 있지만 마음속에 이미지라든가 말이 움직이지 않고 있는 의식상태를 만드는 것, 이것이 선정의 목표이다. 선정이 깊어지다 보면 그저 깨어 있을 뿐 이미지와 언어가 작용하지 않고, 게다가 잠들지 않고 있는 상태, 확실히 '무분별지'라고 하는 체험이 일어난다.

그 무분별한 상태에서 다시 분별의 세계로 돌아왔을 때, 그 체험을 반성적으로 말로 하자면 '일一'이라든가, '공空'이라든가, 특정한 것이 아무것도 없다고 하는 의미에서는 '무無'라고 표현된다. 그러한 체험을 하기 위한 기본적인 마음의 기법이 선정이다.

좌선이 대표적인 선정의 방법이지만 임제선臨濟禪이나 조동선曹洞禪이 불교 선정의 전부가 아니고, 불교의 선정은 다양하고 풍부하다. 위빠사나적인 선정도, 티베트 밀교적인 선정도 잘 사용하면 전체의 수행을 촉진하는 데 도움이 된다. 어느 한 종류가 아니라 잘 사용하면 여러 가지를 사용해도 좋다. 또한 사람의 적성이라고 하는 것도 고려해볼 필요가 있다.

여기서는 페이지수의 관계로 나 자신이 실천해 온 임제종의 좌선에 대해 설명하는 데 그치는 수밖에 없을 것 같다. 그것도 좌선의 독학 매뉴얼을 쓰려면 또 다른 한 권이 필요하기 때문에 대략적으로 밝히고자 한다.

'선정'이라는 말이 나타내는 것처럼 좌선은 분별지적으로 이것저것, 여기저기 뛰어다니는 마음을 한곳에 안정·집중시키는 것을 목표로 한다. 그것에 의해서 심리적인 '일여一如'의 상태를 추구한다고 봐도 무방할 것이다.

그러나 범부의 마음은 드문드문, 따로따로 대상을 향해 이리저리 날아다니고 마음속에서 여러 가지 망상이 일어나므로 좀처럼 안정시키기 어렵다. 그런 마음을 의식적으로, 의도적으로 다스리려 해도 마음속에 대립과 갈등만 생길 뿐 좀처럼 잘 되지 않는다.

고대인도의 명상가들은 그런 인간 마음의 본질을 잘 알고 있었다. 아주 대단히 교묘한 전략이라고 할 수 있는 마음을 제어하는 기법을 짜내었다.

그것은 우선 무의식에서 솟아나는 마음보다 몸쪽이 조절하기 쉽기 때문에 신체의 안정을 도모하는 방법이다. 일상적인 예를 들자면, 마음이 초조해져 안정되지 않을 때도 어떻게든 앉으려고 생각하면 앉을 수 있고, 그렇게 해서 몸을 안정시키면 그것과 대응해서 마음도 안정된다는 것이다. 불안정한 마음은 그대로 두고, 먼저 몸을 안정시킨다. 몸과 마음의 관계에 대한 깊이 있는 관찰로부터 고안된 매우 좋은 전략이다.

그리고 명상가들은 인간의 몸과 마음과 함께, 의식과 무의식 양쪽 모두에 걸쳐 있는 신체의 특수한 기능이 호흡임을 발견한다. 호흡이라는 것은 평소에는 무의식적으로, 생리적으로 이루어지고 있지만, 마음만 먹으면 의식적으로 꽤 조절할 수 있다. 즉, 호흡은 의식과 무의식 그리고 신체를 연결해주는 역할을 하는 것이다.

그리고 깊고 조용한 호흡을 하면 마음도 고요해진다. 얕고 거친 숨을 쉬면서 마음을 가라앉히려 해도 거의 할 수가 없다. 반대로 조용하고 깊은 숨을 쉬면서 서두르려고 해도 어렵게 된다.

이런 원리 때문에 좌선에서는 마음을 안정시키는 선정에 들어가는 순서로 조신調身, 조식調息, 조심調心이라고 하는 말이 있다. 먼저 몸을 조절하고 몸으로부터 들어가는 것이다. 다음으로 호흡이 깊고, 조용하고, 매끄럽게 되도록 조절해간다.

그리고 '수식관数息観'이라고 하는 선정의 방법 중 하나에 의하면, 호흡을 세는 것에 마음을 집중시켜 마음을 가다듬는 것이다. 여러 곳으로 흩어져서 분별지적으로 떠다니는 의식을 호흡과 숫자에 집중하는 것이다.

내쉬는 숨을 '하나~'라고 세고, 마시는 숨을 '둘~'이라고 세고, '열~'까지 세고는 다시 '하나~ 둘~'로 돌아가는 것이다. 이것에 집중할 수 있게 되면,

말하자면 마음이 스물 정도에 정리가 된다. 그것을 충분히 할 수 있게 되면, 다음에는 '하나' 하면서 들숨과 날숨을 쉬고, '둘' 하면서 들숨과 날숨을 쉬고 '셋~ 넷~ …'을 하면서 들숨과 날숨을 쉬고, 열에 정리가 된다.

그리고 그것을 더욱 집중할 수 있게 되면 오로지 '무無~'라고, 그리고 마지막에는 '무~'라고 마음속으로 말하는 것도 그만두고, 이번에는 오로지 호흡이 나오고 들어오고 하는 것을 조용히 응시해간다.

이러한 선정을 계속하고 있으면 마음속에 이미지나 말이 아무것도 떠오르지 않고, 개인성을 초월한 자각만이, 깨어남이 있을 뿐이라고 표현할 수 있는 마음의 상태가 생긴다. "지금 깨어 있는 것은 이제 개인이 아니다. 이 깨어 있는 것은 우주가 깨어 있는 것이다"라는 식으로 끝난 후에 굳이 말로 하자면, 그렇게 되는 의식 체험을 하게 된다.

그런 의미에서 '내가 깨달았다'라는 것은 있을 수 없는 것이다. '나', 즉 다른 것과 분리된 실체라는 의미의 자아는 깨닫지 못한다. 그 자체가 무명이기 때문이다. 나도 이제야 알게 된 사실이지만 '내가'라고 말하는 동안은 깨닫지 못한다. '나'가 없어졌을 때가 깨달음이다. '나는 깨달았다'라고 말하는 것은 모른다는 증거이다. 굳이 말로 하자면, '우주가 깨닫는다'이다.

6) 정화의 방법과 메커니즘 – 지혜

육바라밀의 마지막은 '지혜'다. 여기에 대해서도 유식은 아주 잘 설명하고 있다. 먼저 언어의 분별이기는 하지만 무분별한 세계를 가리키는 '언어의 지혜'가 있다. '가르침(敎)·법·다르마·진리의 말씀'이라고 말하는 것과 같다.

그러한 말을 배우면 우리는 '아, 그런 세계가 있는 건가? 그런 것이었나?' 라고 알게 되고, 반복해서 배우고, 알 수 있는 체험을 거듭하면 점차 깨닫게 되고, 그것이 알라야식에 훈습되는 것이다. 이것이 카르마의 종자다.

다른 한편으로 좌선을 하다 보면 공空·무無·일여一如라는 말로 표현된 내용을 실감하게 되고 그 카르마가 쌓이게 된다. 게다가 다른 네 개의 바라밀도 실천해 나가면 그 카르마도 남게 된다. 그러한 카르마가 알라야식으로 말하자면 혼합·통합되어 다시 싹트기 시작하면, '세계와 타자와 나는 일체다'라고 하는 실감을 가끔은 경험할 수 있게 된다. 그러면 단순히 말로만 하는 것이 아니라 조금 더 몸에 체득된 지혜가 되고, 그것이 있는 곳에 철저하게 다다르면 '무분별지'가 되는 것이다.

그러나 그 무분별지로 끝나는 것이 아니라 무분별지를 체험한 후에 다시 분별의 세계로 돌아가서 '무분별후득지無分別後得智', '반야후득지般若後得智'라고 하는 것에 이르게 된다. 여기서는 근본적으로는 일체이지만 연결되면서 각자의 모습을 드러내고 있는 그대로의 세계의 모습이 보이게 된다.

이와 같은 몇 가지 수준의 지혜가 알라야식으로 훈습되어 이윽고 싹트고, 또 훈습되는 식으로 반복해가다 보면 마음의 구조 전체가 결국은 네 개의 의식, 즉 사지四智로 변모해나가게 되는 것이다.

7) 육바라밀의 순환

육바라밀은 일종의 구조적으로 만들어져 있다. 선정은 실천을 위한 하나의 요점이다. 지혜는 일종의 목표이며, 정진은 전체의 마음가짐이다. 여섯 가지를 순차적으로 각각 한다는 것이 아니다. 각각 순환관계가 있어서, 예를 들면, 지혜의 마음이 깊어지면 보시를 자연스럽게 할 수 있게 되는 것이다.

평등성지가 열리면 그 움직임은 자비이기 때문에 자신과 타자가 일체라는 실감이 들게 되어, 자연스럽게 다른 사람에게 해주고 싶어진다. 자신이 가려우면 부탁하지 않아도 긁는 것과 같은 이치다. 그런 식으로 본래는 자신이 자신을 위해 하는 일이 자비인 것이다.

나와 다른 사람이 나누어져 있고, 무언가 해주는 것이 자비라고 오해하고 있는 사람이 많은 듯하지만, 사실은 자타일체이기 때문에 일체가 되어 있는 어떤 부분이 다른 부분의 불편을 알았을 때 돕는다는 것이다. 그걸 자비라고 하는 것이다. 자비는 훌륭한 일을 하는 것이 아니라 당연한 일을 하는 것뿐이다.

지혜가 열리면 보시, 지계, 인욕, 정진이 자연스럽게 이루어지며 깊어지게 된다. 이런 것들이 깊어지면 선정도 깊어지고, 또한 지혜가 깊어지는 순환관계가 발생한다. 분명히 좋은 순환이다. 육바라밀이 좋은 순환을 하고, 그것이 육식과 말나식, 알라야식 사이의 좋은 순환을 일으키면서, 정화와 성장이 심화된다. 이러한 메커니즘으로 되어 있다.

7

절대긍정의 사상
무주처열반

유식은 불교이며, 그 이론과 방법이 무엇을 지향하고 있는지를 명확하게 하고 있다. 즉, 열반涅槃을 목표로 하고 있다. 다만 이 '열반'이라는 말은 '죽는 것'이라는 식으로 굉장히 오해를 받아왔다. 그런데 원래는 그게 아니라 '번뇌를 불어서 꺼버린 상태'가 되는 것이다. 그리고 불교와 유식의 주제는 간단히 말하면 대부분의 인간은 번뇌에 시달리고 있는데, 그 번뇌가 왜 생겨나는지, 그 번뇌를 없애기 위해서는 어떻게 해야 되느냐는 것이다.

인간의 마음을 괴롭히는 번뇌를 격렬하게 불타는 불꽃에 비유하고, 그 번뇌의 불꽃이 꺼지고, 상쾌하고 시원한 마음이 되려면 어떻게 하면 좋을까 하는 것이, 불교와 유식의 궁극적인 목표라고 하면 틀림없을 것이다.

1) 살아 있는 한은 번뇌가 있다? - 유여열반과 무여열반

초기 수행자 중에는 사람이 몸으로 사는 이상은 어떻게든 번뇌는 없어지지 않는다는 생각을 가진 사람이 많았던 것 같다. 실제로 지금도 많은 수행자가 수행을 해도 해도 번뇌는 없어지지 않는다는 느낌을 갖고 있다. 그 경우의 '번뇌'라고 하는 것은 종종 성욕이나 식욕, 재욕이나 명예욕이라고 하는 것을 가리키는 경우가 많은 듯하다. 그러나 이것은 유식에서 말하는 '번뇌'의 파악방법과 미묘한 부분에서 어긋나고 있다.

아무리 수행해도 욕심이 전혀 없어지지 않는다는 느낌을 갖고 있어서 몸이 있는 이상은 성욕이나 식욕이 없어질 수 없다고 생각하는 수행자들이 있었던 것 같다. 그리고 몸이 있는 한 번뇌가 적어질 수는 있어도 완전히 없어지지는 않는다는 느낌을 가진 사람들은 열반을 두 가지로 분류한다.

수행을 해서 번뇌가 작아질 수는 있으므로, 생명과 욕망이 의지하는 곳으로서 신체는 그런 관점에서 보면 쓸데없는 것으로 생각된다. 그래도 번뇌가 많이 줄어든 상태를 '유여열반 有餘涅槃' 또는 '유여의열반 有餘依涅槃'이라고 부른다.

그러나 역시 생명과 몸이 있는 한 궁극의 평온함에는 도달할 수 없는, 죽어서야 비로소 진짜 열반에 이를 수 있다고 생각하고 그것을 '무여열반 無餘涅槃' 또는 '무여의열반 無餘依涅槃'이라고 한다. 이것이 궁극의 열반이라는 인식을 가진 사람들이 있었던 것 같다. 특히 대승의 입장에 있는 사람들로부터 '소승'이라고 불린 사람들이다.

대승불교 이전이나 이후에도 그런 경향이 있었다. 그리고 물에 들어간다느니, 단식하고 미라가 된다느니, 어쨌거나 빨리 죽는 게 낫다는 식으로 생각하는 수행자들이 나왔고, 그에 반해 대승의 사람들은 그렇게 열반을 파악하는 방식은 이상하다는 걸 간파한 것이다.

특히 유식수행자들은 번뇌는 몸이 원천이 아니고, 알라야식 속에 축적된 미혹으로부터 나오는 것이며, 번뇌를 없애기는 매우 어렵지만 몸을 없앤다고 되는 것은 아니라고 생각을 한 것이다.

몸이 있기 때문에 번뇌가 있으므로 몸이 없어지면 번뇌가 전부 없어진다는 이야기가 아니라 오히려 신체가 있다는 것은 알라야식이 있다는 것이고, 그것이 곳간이고 거기에는 너무나도 많은 불량재고가 쌓여 있지만 하기에 따라서는 머지않아 모두 우량재고로 대체할 수 있다는 것을 알게된 것이다.

2) 우주에서는 모든 것이 있는 그대로 좋다 - 본래청정열반

더구나 수행자들은 선정에 의해 철저히 무분별 체험을 함으로써 청정이니 부정이니, 선이니 악이니 하는 것도 인간의 잣대로 재어 구분했을 뿐이고, 사실은 모두 일체의 우주가 하고 있는 일이므로 좋은 것도 나쁜 것도, 청정이나 부정도, 선도 악도 없는 모두 합쳐져 우주·공임을 깨달았다. '인간을 함께 묶어서 있는 그대로의 우주의 모습을 보면, 그것은 그 자체로 좋지 않을까?'라는 것이 보이기 시작한 것이다.

그런 관점에서 보면 본래 번뇌도, 더러움도, 아무것도 없다고 하는 것은 대승불교의 대단한 점이다. 세상은 본래적으로 깨끗하다, 모두 오케이라는 것이다. 그것을 '본래청정열반 本來淸淨涅槃'이라고 한다. 청정도 없고 부정도 없다. 있는 그대로가 좋은 것이다. 저것은 부정이니까 정화시켜야 한다든지, 악이니까 멸해야 한다든지 그런 것이 아니라 어떤 것도 전부 있는 그대로 좋은 것이다.

대승불교는 이른바 절대긍정의 사상을 창조했다고 해도 좋을 것이다. 고타마 붓다의 가르침에는 어딘가 부정적인 뉘앙스가 남아 있는 데 비해 대승불교의 뉘앙스는 분명히 긍정적으로 되어 있다. 오히려 철저하게 긍정적으로 되어 있다. 이것은 진행되고 있다는 의미에서도, 깊어지고 있다는 의미에서도 진화하고 있다고 해도 좋다고 생각한다.

고타마 붓다의 육성에 가깝다는 '아함경전' 등을 읽어보면, 이 세상에서 살아가는 것에 대해 '사실은 열반에 드는 편이 좋겠지만 중생이 불쌍하기 때문에 살아서 가르치기로 했다. 그래도 역시 열반에 드는 것이 좋다. 그리고 다시는 윤회하지 않는 것이 좋다'라는 현세부정의 울림이 어딘가 남아 있다.

그것에 대해서 대승불교는 고타마 붓다를 직접 부정하는 형태가 아니라 그 이름을 빌려 대승불전을 만듦으로써 그런 부정성을 극복하고자 했던 것이라고 생각된다. 아시다시피 '반야경전' 또한 고타마 붓다의 이름을 빌리고 있다.

그것은 위작僞作이 아니라 '고타마 붓다가 정말로 깨달았다면 본래 이런 말을 할 것이다'라고 하는 대승의 깨달음에서 오는 주장인 셈이다. 붓다를 부정하고 있다기보다는 고타마 붓다와 같은 것을 보고, 보다 깊게 파악한 것이 대승이라고 말할 수 있을 것이다.

솔직히 말하면 나는 대승이 고타마 붓다의 깨달음을 곧바로 계승하면서 더욱 심화시켰다고 이해하고 있다. 분명히 기원은 고타마 붓다에게 있지만, 대승불교 쪽이 더 깊다고 생각한다. 만약 인류 사상사적으로 굳이 어느 쪽을 취할 것인가 하고 묻는다면, 대승을 선택할 것이다. 그것은 역사적 타당성의 문제가 아니라 보편적 타당성의 문제이다.

대승불교의 '본래청정열반'이라는 사상, 모든 것은 있는 그대로 좋다고 하는 사상은 그 정도로 대단한 것이라고 생각한다. 파괴가 있든, 어떤 악이 있든, 무엇이 있든, 그것은 누군가가 가치 기준을 정해서 가늠하기 때문에 그런 것이지, 우주의 기능으로 보면 전부 있는 그대로이다라는 것까지 파악한 것이다.

더군다나 그걸로 끝나지 않는다. 모든 것은 다 오케이라는 것에 의거하면, 나와 다른 사람이 일단 나뉘어 있고, 다른 사람이 괴로워해도 오케이라는 것이다. 하지만 나는 도와주고 싶어진다. 그러면 도와주는 것도 오케이인 것이다. 도와주지 않아도 되지만 도와주고 싶어진다. 이렇게 해서 모든 것이 이루어진다. 의무감 같은 것은 아무것도 없다. 좋은 일은 하고 싶어지는 것이다.

본래청정열반이란 말하자면 '전적인 긍정肯定의 사상이다.' 영어로 표현하면, '모두 굿good인 것이다.' 그러나 지금 굿이라고 해도 우주는 무상하기 때문에 변화해나가는 것이며, 우주는 자신을 더 좋게better 하고 싶어지는 것이다. 굿이기 때문에 더 좋은 사람이 되고 싶어진다. 배드bad는 아무것도 없고, 모든 것은 굿이고, 모든 것은 굿이라고 생각한 우주는 스스로를 더욱 좋게 만들고 싶어진다. 그리하여 여러 가지 일을 하게 된다.

그것이 보시이고, 육바라밀이며, 자비라는 것이다. 이렇게 하면 전적인 긍정 위에 진보가 있다. 대승불교는 본래 그런 대단한 사상이라고 나는 이해하고 있다. 부정적 또는 어둡다는 것은 대승불교에 대한 심각한 오해라고 생각한다.[1]

3) 궁극의 자유 - 무주처열반

모든 것은 완벽하게 일체이고, 우주로서 분명히 존재하고 있다. 그와 동시에 당신과 나, 생명과 생명이 없는 것, 여러 가지 사물의 차이와 구별은 있는 것이다. 그런 세계 속에서 살아갈 때 불교인들은 여러 가지 일, 특히 보시 등의 육바라밀을 해나간다. 그러면 개인으로서는 너무 많이 해서 피곤하기도 하다. 그러면 어떻게 하냐면 쉬면 된다. 쉬었다가 다시 힘이 나면 또 하면 된다. 그럴 수 있다고 생각한 것이 '무주처열반無住處涅槃'이라는 사고방식이다.

생사윤회의 세계에서 절대 평온·열반의 세계로 가서 한번 쉬고, 다시 생사윤회의 세계로 돌아와 중생을 구제하고, 지치면 다시 쉰다. 이처럼 머무는 곳이 정해지지 않은 주처부정住處不定의 열반의 경지가 있을 수 있다는 것이 '무주처열반'이라는 사고방식이다. 무여열반, 유여열반이라는 해석에 비해 결정적으로 깊은 사상이라고 생각한다.

어떻게 그럴 수 있는지를 전통적인 불교 속에 있는 '물과 파도의 비유'로 설명하면 잘 알 수 있을 것으로 생각한다. 즉, 물은 완전히 수평이고 파도가 없는 상태에서도 물이다. 잔잔한 물결이든, 거센 파도이든, 두세 개의 불규

---

1   岡野 守也(2004), 『道元のコスモロジー』, 大法輪閣.

칙한 삼각파도든 모두 물이다. 물은 잔물결이 될 수도, 거센 파도일 수도, 삼각파도가 될 수도 있다. 그리고 파도는 나타났다가 사라진다. 이 나타난다는 게 유여·무여열반이라는 현상이다.

하지만 파도라는 수준에서 보면 다양성이 있고, 나타났다가 사라지는 것이 있는데, 물이라는 수준에서 보면 계속 물인 채로 있다. 계속 물인 채로라고 하는 근본이 진정한 자신이라면 쉬거나 움직이더라도 자기는 변함이 없으며, 오히려 그 변화는 자유자재라고 할 수 있다.

우주가 본래 나니까 고요한 우주로 돌아가거나 중생구제의 보살로 다시 한번 태어나서, 나와서 일하고, 피곤하면 쉬는 그런 자유자재가 있을 수 있다고 생각한 것이다. 개체성으로 따지면 물론 그럴 수가 없다. 그러나 개체성으로 파악하지 않고, 전체성·우주성으로 파악하면 그것이 가능하다는 것이 '무주처열반'의 기본 개념이다.

유식은 이런 식으로 열반의 네 가지 범주를 세웠다. 그리고 이것을 근거로 대승의 사람들은 본래청정열반이기 때문에 우리는 생사윤회의 세계로 올 수도 있고, 열반의 세계로 갈 수도 있다. 자유자재이므로 이런 것을 본래의 열반이라고 한 것이다. 무여열반, 유여열반, 이 두 열반은 생각이 아직 얕다고 소승을 비판한 것이다.

그러니까 대승불교와 유식의 궁극적인 목표는 한마디로 '무주처열반'인 것이다. 무주처열반의 경지에 든다면 행복이라든가, 불행이라든가, 손해라든가, 득이라든가 하는 것은 모두 초월할 수 있다. 그런 것이 경지로서 가능하다는 것이다. 특히 알라야식은 오랜 시간이 걸리지만 철저히 정화하는 것을 반드시 할 수 있다고 유식의 수행자·사상가들은 생각한 것이다.

4) 정리

　지금까지 본 것처럼 유식이라고 하는 것은 대단히 깊은 사상이며, 이해할 수 있다면 매우 설득력이 있다. 단지 일반인에게 이런 식의 설명 방식으로 그대로 소개하면, 종종 "매우 훌륭하다고는 생각합니다만, 저에게는 무리입니다"라고 하는 반응이 돌아온다. 거기서, 그러한 사람들에게 어떠한 접근법을 취할 것인가 하는 현대적인 '방편'의 문제가 나오는 것이다.

　그 방편이라는 문제를 생각해보면 일반인들의 평균적 의식상태가 신화적인 단계에 있던 시대에는 극락정토나 아미타 부처님과 같은 신화로 구원해주는 것이 적절했다. 그런데 지금 일반적인 시민들의 평균 의식 수준은 합리적인 단계에 있기 때문에, 그러한 사람이 납득할 수 있는 형태로 우선 안심과 편안을 제공해주고, 게다가 거기서 끝내지 않고, "궁극의 무주처열반에는 가지 못하더라도 목표로 삼는 편이 좋지 않을까요? 무주처열반이라는 것은 오위로 말하면 구경위인데, 거기까지 갈 수 없다고 해도 통달위나 수습위의 입구 정도까지라도 가는 것이 인생에서 굉장한 것이 될 거예요"라고 추천하는 접근법이 적합한 것이 아닐까 생각한다.

　그리고 내가 볼 때 특히 현대인에게 그런 방편으로 합리적 정서행동치료가 제격이다. 그 생각이나 방법을 유식과 능숙하게 통합하고, 그래서 우선 자기 자신을 스스로 교화敎化하고, 그것을 전해나가고 교화함으로써 현대인에게 어울리는 유효한 길과 방편을 열 수 있을 것이라고 생각한다. 그것은 무엇보다도 나 자신이 실천해보고 매우 유용했기 때문이다.

제2부
―

합리적 정서행동치료

현대의 방편

1

유식과 불교가
나아가야 할 지점

지금 책을 읽는 독자들이라면 앞 장에서 이야기한 유식의 개요를 충분히 이해할 수 있다고 생각한다. 하지만 유식은 대승불교의 정수를 논리화한 것으로, 그 도달 목표는 매우 높아서 한마디로 '보살이 된다'라는 것이다. 더구나 '무주처열반'이라고 하는 대단한 경지를 지향하는 보살이 되는 것이 대승불교와 유식의 기본적인 목표다.

그러한 말을 듣고 할 수 있겠느냐고 보통 사람에게 갑자기 물으면, 대부분의 사람들은 "훌륭한 이야기입니다만, 저는 할 수 없습니다"라고 말할 것이다. 그래서 돌이켜 생각해보면, 대승불교 또는 고타마 붓다의 불교 그 자체의 아주 깊은 정수에 바로 접근할 수 없는 단계의 사람에게 그런대로 마음의 평온과 구원이 되는 것을 제공하는 방편이라는 부분이 있었던 것 같다.

그런 의미에서 보면 유식은 스스로도 분명히 자각하고 있듯이 보살에 대한 사상이다. 예컨대『섭대승론攝大乘論』이라는 유식의 대표적 고전 가운데 하나에는『해심밀경解深密經』의 "뛰어난 사람(보살)을 위해서만 설파한다. 범부를 위해서는 말하지 않겠다"라는 구절을 인용하고 있다.

　유식은 물론 매우 뛰어난 불교의 심층심리학이라고 해도 좋지만, 지금 그대로는 보통 사람이나 범부가 바로 걸어가기에는 어려운 길이다. 다르게 말하면 불교가 지향하는 궁극의 목표는 각자가 깨달은 사람, 즉 붓다가 되는 것이다. 하지만 그 목표는 모든 사람의 상황에 맞지 않기 때문에 대승불교 속에는 다른 한편, 부처에 의해 구원받는 방편의 길도 있었던 것이다.

　여기서 꼭 짚고 넘어가야 할 중요한 것은 궁극의 지향점은 모든 사람이 깨닫는 것이고, 부처가 되는 것을 목표로 하는 길이 불교이고, 불도佛道라는 것이다. 이것을 현대의 대승불교는 원점으로 돌아가서 확실하게 다룰 필요가 있다. 하지만 지금 당장 모든 사람에게 그것을 요구할 수는 없기 때문에, 임시로 부처라는 것을 세우고 그것에 의해 구원받는 길도 있었다. 그러나 그것은 불교의 본질로 볼 때 '방편'이라는 것이다. 그 점을 분명히 짚고 나면 다음 문제는 어떤 방편이 현대의 보통 사람, 현대의 범부, 즉 우리에게 적합한가 하는 것이다.

1) 주술과 신화를 넘어서

　다시 한번 정리하자면, 과거 대승불교에서 범부의 구원방법론은 색과 형태, 이름을 가진 구체적인 대상으로서 부처를 상정하고, 이 부처로 인해서 구원받는다는 것이다. 지옥, 아귀, 축생, 아수라라고 하는 생존 형태에 떨어진다는 '육도윤회' 또는 성문, 독각, 보살, 부처를 더한 '십계十界'라는 고대 인도적인 세계관, 신화적인 세계관을 그대로 채택하고 그것을 전제로 부처에 의해 구원받는 길이라는 방편이 세워졌던 것이다. 그리고 그것을 믿음으로써 마음의 구원을 얻을 수 있는 길이 만들어진 것이다.

이 방편은 마음의 발달 단계가 '신화적 단계'에 있는 사람에게는 상당히 효과적이었다고 생각한다. 그러나 십계와 육도라는 신화적 세계관을 이제는 더 이상 믿을 수 없게 된 우리 현대인들에게는 거의라고 해도 좋을 정도로 유효성이 없어지고 있는 것이 사실이다.

신화적 단계로부터 조금 더 거슬러 올라가면, 인간이 기도나 주술이나 저주에 의해 위대한 힘을 가진 초월적인 존재를 움직여서 질병의 치유나 수확이라는 은혜를 얻거나, 재앙이나 두려움을 피할 수 있다고 믿는 마음의 발달 단계가 있는데, 이것을 '주술적 단계'라고 부른다.

불교는 고타마 붓다의 원점으로 돌아가면 기본적으로 주술은 인정하지 않는 듯하며, 경우에 따라서는 방편으로서 약간 인정하는 것으로 시작하고 있다고 생각된다. 하지만 붓다 이후의 불교에서는 고대의 민중 대부분이 주술적 단계에 있기 때문에 주술적인 방법에 의한 구원도 제공해야 한다는 사정이 있고, 역사적으로 말하면 불교적인 주술도 충분히 고안되어 왔던 것이다.

민중의 마음의 그러한 발달 단계에 따라서 주술 단계의 마음 상태에 있을 때는 주술도 필요하고, 신화 단계에 있을 때는 구원이 있는 신화를 제공하는 것도 필요하였다. 이 때문에 여러 가지 방편이 고안되어 그 시대마다 그것이 도움이 되었다거나 그것이 적합했다고 생각한다.

그러나 특히 지금 선진국에서는 사회 전체의 의식 수준이 합리성의 단계에 도달하고 있기 때문에 주술적인 세계관이나 신화적인 세계관을 바탕으로 하여 구원을 설명한다 해도 그다지 유효성이 없다. 주술적·신화적 세계관 그 자체를 믿을 수 없기 때문에, 그것을 바탕으로 그것을 믿음으로써 구원을 얻을 수 있다고 해도 믿을 수 없는, 따라서 마음의 구원을 얻을 수 없는 상태가 되었다.

그러한 상태가 되어 있는 가운데 불교란 무엇인가를 되돌아보면, 물론 역사적인 불교 속에서 주술이나 신화가 방편으로 많이 채택되고 연구되어 온 것은 사실이다. 문화로서 그것이 불교라고 불리는 것도 사실이다.

하지만 대승불교의 공사상, 유식이라는 흐름을 따라가 보면 불교의 본질은 역시 깨달음의 세계이지 주술이나 신화는 아니며, 주술이나 신화를 모두 부정하더라도 공사상과 유식사상이 말하는 '깨달음'이라는 개념은 충분히 성립되는 것이다.

나는 깨달음의 세계에 관해서 마음의 의식적인 세계보다 더 깊은 무의식의 세계, 게다가 프로이트나 융이 말하는 무의식보다도 더 깊은 무의식의 세계가 있다고 상정할 수 있다고 생각하고 있고, 그러한 세계 또는 그러한 세계에 눈을 뜨는 능력을 '영성靈性·spirituality'이라고 부르고 있다.

그리고 불교라는 종교현상의 핵심에 있는 것은 '영성'이라고 생각된다. 좀 더 명제적으로 말하면 '불교의 정수는 영성이다'라는 것이다. 더욱이 대승불교적인 영성을 군이 정리하면, 요컨대 '지혜와 자비'이며, 인성personality에 대해서 말하자면, 지혜롭고 자비로운 인격, 즉 '보살과 부처'가 대승불교가 지향하는 핵심이라고 생각한다.

|표8| 문화현상으로서 불교의 동심원 구조

그런데 다시 말하면 그러한 높은 수준 그대로는 고대 민중의 정신적 발달 수준에 부합하지 않았다. 그래서 신화적 세계관을 갖고 있는 백성들에게 방편으로서 불교적 신화를 제공함으로써 심리적 구원을 제공해 온 것이다. 그보다 더 원시적인 주술적 세계관 속에 살고 있는 사람에 대해서는 역시 불교적인 주술에 의한 구원을 제공해오고 있다.

대략적으로 동심원의 그림으로 나타내면, 불교라는 종교적인 문화현상의 가장 바깥쪽에는 주술이 있고, 그다음으로 신화가 있으며, 더 나아가 매우 합리적이고 철학성이 있는 가르침의 수준이 있으며, 무엇보다 정수와 핵심에 영성이 있다고 하는 형태로 생각하면 이해하기 쉬울 것이다. 물론 다른 요소도 있기 때문에 어디까지나 알기 쉽게 하기 위해 단순화한 도식이다.

그 도식에서 생각해보면, 현대불교가 해야 할 일은 별로 도움이 되지 않는 바깥의 주술이나 신화 부분에 계속 연연하는 것이 아니라 합리성과 철학성을 살리고, 더욱이 영성의 원점에서부터 현대에 접근하여 현대인의 마음에 구원을 제공하는 것이라고 생각한다.

현대인의 평균적인 정신 수준은 합리성 단계라고 해도 아직은 심리적으로 주술이나 신화를 믿는다. 믿고 싶다고 하는 층도 있고 그런 경우도 있다. 그럴 경우 그 일로 인해 구원을 받을 수도 있는 것이다. 그러므로 불교가 기존에 지니고 있던 주술성이나 신화성을 전적으로 포기할 필요는 없다. 오히려 나는 포기하지 않는 편이 좋다고 생각한다.

즉, 어떤 시대가 되더라도 역시 주술적 심리단계나 신화적 심리단계에 있는 사람은 계속 존재할 수 있고, 상황에 따라서 그런 심리상태로 퇴행할 수도 있기 때문에, 그런 경우를 위한 구원과 방편으로서 어느 정도 남겨두는 편이 좋다고 생각한다.

특히 조상숭배와 관련된 신화나 의식(장례식, 법회, 예불, 우란분재, 조상성묘 등)은 불교문화의 큰 기반이었기 때문에 이를 쉽게 버려서는 안 된다. 오히려 그 의미를 다시 이해하고 적극적으로 유지해야 할 것 같다는 생각이 든다.

합리성 단계에 이르면서 '영혼이 어디 있겠는가?'라든지, '조상의 영혼이 어디에 있을까?'라고 생각하는 사람에 대해서는 조상숭배의 의미를 제대로 이해할 수 있는 종교학·종교철학적 설명을 제공하고, 어려운 이론이 필요 없는 분에게는 그대로 소박한 조상숭배를 계속 해도 좋다고 생각한다.

불교는 앞으로 이러한 두 가지 면을 대처하면서 일반인에게 마음의 평온함을 제안해가면 더 좋을 것 같다. 그러나 역시 '정수는 영성'이라고 할 수 있다.

2) 포교에서 현대적인 무외시로

그것은 종래에는 '포교'라든가 '교화'라든가 하는 것이었지만, 앞에서도 말한 것처럼 그러한 발상은 원점의 고타마 붓다부터 시작된 것이 아니므로, 이제 그만두는 것이 좋다. 즉, 마음의 구원을 제공하는 것이 목적이며, 결과적으로 그 사람이 인연을 느낀다면, 그 집단의 구성원, 즉 교단의 신자가 되는 일이 일어나도 좋다고 하는 접근방식으로 바꾸는 것 또는 돌아가는 것이 좋다.

고타마 붓다 자신의 경우도 신자를 얻으려고 포교한 것이 아니라 마음의 안식을 제공한 결과 붓다를 사모하는 사람들에 의해 교단이 생긴 것이다. 이와 같이 지금의 교단도 처음부터 교단 확대를 목적으로 하지 않고, 오로지 마음의 안식을 제공하고 제공할 수 있었던 결과, 그분들이 인연을 느끼고 교단에 관여하는 형태로 자각적으로 바꾸어 가는 것이 좋다. 이것은 어느 특정 교단이 아니라 모든 교단에 대해서 말할 수 있는 것이다.

마음의 평온함, 마음의 구원을 느낄 수 있는 사람을 늘려 가면 된다. 그 결과를 신자 수에 반영하면 된다. 반영이 안 되어도 세상 사람들이 구원을 받는다면 그것으로 된 것이다. 전통적으로 보시에는 '재시財施'와 '법시法施'가 있다. 물론 물질적인 구원을 제공하는 것도 좋지만, 보시에는 앞에서 말한 것처럼 세 개의 기둥이 있고, 재시와 법시 외에 하나 더 중요한 '무외시無畏施'라는 것이 있다. 즉, '무서워하지 않는 마음' 또는 '안심하고 살 수 있는 마음 상태'로 만들어주는 것이 매우 중요한 '베풂'이다. 인간은 마음을 가지고 사는 존재이기 때문에 마음이 편안하지 않으면 다른 어떤 일이 있어도 행복하지 않다. 그러므로 재시도, 법시도 마음의 평안을 위한 수단이자 방편이라고 해도 과언이 아니다.

『반야심경』에서 말하는 '무유공포無有恐怖'는 전형적인 '무외시'의 이상적인 형태이다. 깨달으면 이제 어떤 것에 대해서도 두려움이 없을 것이지만, 깨닫는 것은 매우 힘들다. 그래서 깨닫지 않고도 나름대로 마음의 안식을 얻을 수 있는 방법을 제공하는 것이 현대 불교인들이 해야 할 가장 큰 '베풂'이라고 생각한다.

그러한 '무외시'의 방법론으로서 되풀이하지만, 주술도 신화도 이미 충분히 기능하지 않게 되었다. 더군다나 주술이나 신화는 방편이지 본질이 아니다. 불교의 정수는 영성, 지혜와 자비이기 때문에 방법은 현대적으로 더욱 유효한 것으로 대체해도 무방하다.

현대 불교학의 성과를 바탕으로 하여 고타마 붓다의 가르침이나 대승불교의 교학을 제대로 배워보면, 아주 훌륭하게도 지극히 합리적이고 논리적으로 되어 있다. 나 자신이 배우면서 느낀 것은 고타마 붓다의 가르침도, 공의 가르침도, 유식의 가르침도 처음부터 믿을 필요가 없다는 것이다. 이것들은 모두 정확히 듣고, 생각하고, 납득할 수 있는 것들이다.

나 자신도 납득한 결과로서 강연을 할 때 자주 하는 말이다. "저는 불교를 신앙으로는 하지 않습니다. 신뢰는 하고 있습니다만…"이라고 말한다. "저는 불교의 핵심적인 가르침에 대해 납득할 수 있고 도움이 된다는 의미에서 그 타당성과 보편성을 매우 신뢰하고 있지만 전혀 신앙하고 있지 않습니다"라고 이야기한다.

또한 불교에서 '신信'은 본래는 그러한 것이었다. '신인信認'이라든가 '신지信知'라는 말이 있는 것처럼 말이다. 그런데 어느덧 불교 내부도 여느 종교와 마찬가지로 정어리 머리처럼 하찮은 것도 믿기 나름이라는 식으로 믿는 것이 '믿음'이 되어버리는 것이 대세가 된 것 같다.

그러나 본질과 방편의 혼동을 멈춘다면 불교, 특히 본질적인 영성에는 매우 보편성이 있으며, 고타마 붓다의 가르침도, 공도, 유식도 지극히 논리성과 합리성을 갖추고 있다. 그러니까 그 논리성, 합리성을 기본으로 해서 영성의 세계로 인도함으로써 일반인들이 마음의 안정을 얻을 수 있도록 하는 것이 불교가 본래 가져야 할 모습일 것이다.

한편 지금의 사회 수준은 합리성의 단계에 있으며, 그 합리성의 담당자는 기본적으로 자아이다. 그런데 사회가 합리성과 자아의 단계로 접어들고 있고, 그러한 단계에 있는 일반인들에게 접근하는 데 불교는 근본 원리는 가지고 있지만, 좋은 방편을 지금 갖고 있지 않다는 것이 내가 불교의 현주소를 바라보는 견해다.

여기가 애매하기 때문에 몇 번이나 말하지만, 나는 딱히 불교를 믿지는 않지만, 불교 정수의 보편적인 의미를 납득하고 이해할 수 있기 때문에, 그것이 사회 전체를 향해 열리지 않는 것이 너무 안타깝다고 느낀다. 교단이라고 하는 것은 원래 진리를 사람들에게 열어 전하는 것이 존재 이유다. 교단을 확대하는 것이 존재 이유가 아님에도 불구하고, 아무래도 본말이 전도되고 있는 것처럼 보여서 그것이 매우 아깝고, 본질적으로 말해서 좋지 않다고 생각한다.

그런 의미에서 원점으로 돌아가기 위해서는 몇 가지 짚고 넘어가야 할 것 같다. 정리해서 말하자면 우선 첫 번째 요점은 불교의 본질은 영성이고, 지혜와 자비며, 지극히 보편성이 높다는 것이다. 그리고 가르침은 매우 합리적이다. 주술과 신화도 방편이기는 했지만 현대에 와서는 유효성을 상실하고 있다는 것이다.

3) 무아는 자아를 없애는 것이 아니다

두 번째 요점은 방금 말했듯이 근대라는 시대는 개인으로서 자아의 가치나 권리를 발견한 시대다. 특히 전후 일본은 결정적으로 개인과 자아가 인간의 기본이라는 개인주의 사회다.

그에 비해 불교에는 과거 집단주의 사회의 윤리라는 측면이 있었다. 그 때문에 집단에 대해서 자기주장을 하지 않는 것과 불교적인 무아가 자주 혼동되어왔다. '멸사滅私', '무사無私'는 곧 '무아'라는 식으로 받아들여진 것이다. 전형적으로 그야말로 '멸사봉공滅私奉公'이라는 말 그대로이다.

예를 들면, 전쟁 전의 일본불교는 마을이나 소속 단체 또는 국가를 위해 사사로운 정을 버리고 자신을 죽이는 것과 무아를 거의 완벽하게 혼동하고 있었다. 오늘날에도 그것을 잘 구별하지 못하는 불교인들이 많다고 생각한다.

즉, 이론적으로나 교학적으로 자아를 제대로 자리매김하지 못하고 있는 것이다. 자리매김을 하지 못하고 있다는 것이 어떤 것인가 하면 요컨대 자아라는 것은 있어서는 안 되는 것, 없애야 되는 것이라고 단순하게 생각하기 쉽다는 것이다.

이제 자아를 존중하는 것은 사회 전체의 큰 경향성이다. 거기에 대해서 '자아를 없애는 것이 좋은 것이다'라고 주장해도 그것이 통용되지 않는 것은 당연하다. 현대사회의 흐름으로써는 통하지 않는 것이 당연하다. 하지만 '자아를 없앤다'는 것이야말로 불교의 본질이라면, 비록 통용되지 않더라도 또는 소수파가 되더라도 계속해서 노력해야 할 것이다. 그러나 그것이 정말 불교의 본질인가 하면 나는 그렇지 않다고 생각한다.

이 문제를 요약하자면, '자아'라는 말의 대략적인 의미는 '감각한 것을 정리하고, 인식하고, 생각하고, 의사결정을 하는 주체'라는 것이다. 그렇다면 깨달음을 얻으면 감각을 정리하고, 인식하고, 사고하고, 의사결정을 하는 주체가 없어지는 것인가? 없어지면 인간으로서 행동할 수 없기 때문에 없어질 리가 없다. 기존 불교의 일반적이고 통속적인 사고방식으로는 그 부분이 구별되지 않았던 것으로 생각된다.

지금까지 배워온 유식의 인성이론을 보더라도 요컨대 팔식八識적인 자아에서 사지四智적인 자아, 또는 팔식적인 인성 상태에서 사지적인 인성 상태로 근본적으로 변용하는 것이 주제다. 그렇다고 사지의 보살이나 부처가 되면 주체라는 의미의 자아가 없어지는가 하면 그렇지 않다. 전혀 없어지지 않는다. 굳이 말하자면 '묘관찰지적인 자아'라고 할 수 있을 것이다. 심층까지 전부 포함해서 말하면 '사지四智적인 주체'가 확립되는 것이다.

유식을 대승불교 이론의 한 정점으로 본다면, 거기서 말하고 있는 것은 자아를 잃어버리고 무아가 된다는 이야기가 아니다.

팔식적인 상태에서 사지적인 상태로 바뀌는 것을 목표로 하고 있는 것이다. 물론 그렇게 바뀐 상태를 때때로 무아라고 부르는 경우도 있지만, 무아라는 말의 본래 의미를 다시 생각해보면, 그것은 '자아 대 무아'라는 이야기가 아니라는 것이 확실해진다.

즉, '무아'란 원어의 의미에서도 요컨대 '아트만은 없다'라는 것이고, 아트만은 실체라는 것이며, '실체가 없다'라든가, '실체가 아니다'라는 의미이다. 그래서 '무아'보다 '비아非我'로 번역하는 것이 좋다고 하는 학자도 있다.

앞에서도 말했지만 그 자체로도 존재할 수 있고, 그 자체의 성질이라는 것을 가지고 있으며, 언제까지나 존재할 수 있는, 그러한 의미에서의 '실체'는 이 세상 어디에도 없다는 것이, '나는 없다' = '무아'(또는 비아)의 의미다. 즉, 그것은 개인의 자아가 없다는 것이 아니라 세계 어디에도 실체는 없다는 세계 전체의 이야기다. 무아는 본래 자아를 부정하는 주장이 아니다.

단지 그것을 알고 불필요한 집착을 하지 않게 된 인성의 상태를 '무아'라고 부르는 일도 있었다. 또는 오히려 그렇게 된 상태를 무아라고 부르는 경우가 많았기 때문에 본래의 무아의 의미가 자아와 반대의 의미로 받아들여졌다. 하지만 불교의 본래 '무아'라는 말의 의미는 그렇지 않다는 것이다. 이것은 먼저 짚고 넘어가야 할 점이다.

다음은 지금도 말했듯이 인간은 감각을 정리하고, 인식하고, 사고하고, 의사결정을 내리는 주체 없이 살아갈 수 있는가 하면, 그것은 깨달은 사람이라도 불가능하고 그런 의미에서 자아는 깨달은 사람이더라도 반드시 필요한 것이다.

그래서 '자아를 없애고 무아가 되는 것이 불교의 목표다'라는 생각은 불교의 본질에 대한 큰 오해라고 나는 생각한다. 하물며 '자아를 없애고 공을 위해 멸사봉공하는 것이 무아다'라는 등의 말은 오해도 큰 오해이다.

그 원리적인 것에 대해서 책 한 권으로 논의했기 때문에, 여기에서 자세히 말하지는 않겠지만, '자아 대 무아'라는 식으로 파악해서는 안 되며, '자

아를 무아로 한다'는 것이 불교의 목표가 아니라는 것을 분명히 해둘 필요가 있다고 생각한다.[1]

요컨대 같은 자아라도 팔식八識의 자아와 사지四智의 자아라는 식으로 말하는 것이 좋겠다. 더구나 팔식 상태라고 하면, 특히 '말나식'은 오로지 나쁜 것이라는 이미지가 될 수 있는데, 그것을 심층의 자아정체성self identity으로 바꾸어 생각해보면 심층의 자아정체성이 없이 살 수 있는 인간은 한 명도 없는 셈이 된다.

그리고 예를 들면, 언어에 의해서 세계를 파악하는 것이 궁극적으로는 망상이라고 할지라도, 그럼 언어를 사용하지 않고 인간 사회가 성립하는가 하면, 전혀 성립되지 않는다. "아기는 부처님 같아요"라고 할지라도 말을 안 가르치면 사회에 적응할 수 없는 존재밖에 안 되는 것이다.

상식적인 불교는 그런 점들을 매우 혼동한 채 내려오고 있는 것처럼 보인다. 그러나 내 생각으로는 팔식적인 자아라고 할지라도, 자아를 한 번은 만들어야지 인간은 보통 인간이 될 수 있다. 그러나 팔식적인 인성 상태만으로는 세계의 진짜 모습을 볼 수 없기 때문에 보다 나은 사지적인 인성으로 나아갈 필요가 있다고 생각한다.

이것은 자아가 전혀 형성되지 않은 단계에서부터 일정한 팔식적인 자아가 형성되는 단계, 그리고 그것을 넘어 사지적인 자아로 성숙해가는 단계라는 식의 발달 단계를 다시 파악할 필요가 있는 것이다. 이렇게 파악하는 것은 유식 등 불교의 교학을 바꾸는 것이 결코 아니며, 다만 제대로 정리하는

---

1   岡野守也(2000),『自我と無我ー「個と集団」の成熟した関係』, PHP研究所.

것뿐이라고 생각한다.

그런 식으로 발달 단계로서 자아 이전, 팔식적인 자아의 확립, 그리고 보다 유연하고, 보다 깊고, 보다 진실이 보이는 사지적인 자아의 성숙이라고 하는 식으로 발달 단계를 바꾸어놓으면 '자아를 부정하는 것이 불교다'라고 하는 오해가 해소된다.

그러면 불교에 대한 과제는 우선 자아 이전부터 건전한 팔식의 자아로 키우는 일이 되는 것이다. 자아라고 할지라도 팔식, 특히 말나식이 경직되어버려서, 자신도 괴롭고, 주위에도 폐를 끼치는 인성이 되는 것보다는 주위와의 연결(즉, 연기·의타기성)을 자각하고 있고, 사회 적응적이고, 본인도 기분이 좋은 적응적인 자아를 형성하는 것이 좋기 때문이다.

그러한 적응적인 자아를 형성한 다음 그것으로도 충분하지 않으므로, 더 나아가 사지적인 자아라고 할까, 우선 보살적인 자아를 형성해간다. 불교가 지향해야 할 이런 것들을 현대적으로 잘 정리하고 고치는 것이 필요하다.

팔식적인 자아라고 해도 적응적인 자아와 부적응적인 자아가 있기 때문에, 자아 이전부터 적응적인 자아를 기르고, 그다음에 보살적인 자아, 나아가 사지적인 자아를 기르는, 그러한 전체적인 흐름을 불교의 방편의 대상이라고 생각한다.

범부를 부처로까지 높인다 해도 어떤 범부도 아기에서부터 시작하는 것이기 때문에 아기에서 갑자기 부처가 될 수는 없는 것이다. 이 부분이, 예를 들면 선禪의 세계 등에서도 자주 언급되어 큰 오해를 낳아 온 것이지만, "깨달음이란, 갓 태어난 갓난아기와 같게 되는 것이다"라고 하는 표현이 결정적으로 간과하고 있는 것이다.

그러나 갓 태어난 아기가 되면 보살이 될 수 없다. 남에게 신세만 질 뿐이다. 깨달아서 지혜와 자비의 주체가 되는, 즉 자비의 행동을 하는 보살적인 존재가 되기 위해서는 아기로 있어서는 안 된다.

하지만 확실히 인간은 누구나 아기부터 시작한다. 거기에서 자아를 형성하는 것이다. 다시 말해서 '나는 누구누구다'라고 생각하고, '나는 다른 누구도 아니고 나다'라는 자아의식을 갖지 않으면 안 된다. 그러나 그것이 경직됨으로써 여러 가지 번뇌를 낳는 것이다.

그러한 의미에서는 사지四智적인, 보살적인 자아가 되는 것 외에 궁극의 해결은 없지만, 궁극의 해결 이전에 적응적인 자아 쪽이 부적응적인 자아보다 번뇌와 고민이 적은 것은 확실하다.

그러므로 방편의 대상으로서 경직된 팔식적인 자아가 비교적 적응적인 자아가 되도록 이끌어가고, 그리고 거기에 머물지 말고, 목표는 보살적인 자아가 되는 데까지 이끌어가는 것이 현대불교 방편의 기본적인 목표가 되어야 한다고 생각한다.

적응적인 자아를 확립하는 일을 돕는 것도 역시 불교의 한 방편이 되는 일이라고 자리매김할 때 비로소 불교, 특히 유식과 심리학을 어떻게 통합할 것인가, 어떻게 실천적으로 통합할 것인가 하는 과제가 나온다.

지금까지 억누르지 않고 주술이나 신화가 아직도 방편으로서 유효하다고 생각하거나, 하물며 그것이 불교의 본질이라고 잘못 알고 있으면 심리학을 채택한다고 하더라도 상담의 테크닉으로 사용할 정도지, 그 이상은 거의 할 수 없다. 솔직히 말하자면 내가 볼 때는 불교가 상담 등을 채택하고 있는 것은 거의 그런 것 같다.

그뿐 아니라 상담 과정을 통해서 특정 교단의 신화적인 교의나 교단 자체로 끌어들인다. 포교하려고 하는 속마음이 훤히 들여다보이는 경우도 없지 않다고 생각한다.

그러한 것으로 끝나지 않기 위해서는 한 번 더 주술이나 신화가 아닌 지혜와 자비에 불교의 본질이 있다는 것으로 인도하는 것이 최종적인 목표라는 것을 다시 파악해둘 필요가 있다.

그러나 예를 들면, 아기에게는 유식 이야기를 해도 알아듣지 못하고, 좌선을 시킬 수도 없기 때문에, 자기만이 존재하고 있다는 분별성적·변계소집성적인 세계밖에 보지 못하는 그러한 경직된 자아에게는 이러한 것을 하게 할 수 없다. 우선은 제대로 된 어른이 의타성과 관계의 세계를 잘 자각하고, 유연한 자아를 형성할 수 있도록 길러줄 필요가 있다. 우주와 모든 것이 일체라고 하는 깨달음과 원성실성에 이르기까지 한층 더 이끌어갈 방법론과 방편을 궁리할 필요가 있다고 생각한다.

전통적인 대승불교에서는 자각으로 이끌어 가기 위한 이론과 방법을 유식이나 육바라밀 등의 형태로 상당히 잘 정리하고 있다. 하지만 현대불교에서는 그 전 단계의 적응적인 자아를 형성하기 위해 어떤 도움을 줄 수 있는가 하는 것이 문제이다.

그러나 적응적인 자아를 형성하는 것만이 목표가 된다면, 불교는 이제 현대 심리학과 심리치료에 자리를 내주는 편이 좋을지도 모른다. 그러나 불교가 왜 여기에서 등장하는 이유가 있는가 하면, 인간의 마음의 성장은 적응적인 자아를 형성하는 것으로 끝나는 것이 아니고, 거기서부터 더 나아갈 미래가 있다는 것을 제시할 필요가 있기 때문이다. 그것이 불교의 일이라고 생각한다.

지금까지는 그것을 연결하는 사고방식이 부족했다. 적응적 자아, 부적응적 자아라는 문제의식이 없는 곳에서 갑자기 '무아'라는 개념을 오해한 채 "자아를 버리고 무아가 되라"라고 가르침을 설한다. 그러나 이에 대해서 "훌륭한 이야기지만 나에게는 무리예요. 상관없습니다"라고 하면서 거부만 당한다. 하긴 옛날 그대로 신화나 주술을 이야기해도 "이제 그런 건 믿을 수 없어요"라고 거부당할 것이다.

결론적으로 불교가 현대시대에 효과적으로 접근하기 위해서는, 다른 말로 하자면 현대인들이 전통 불교를 다시 한번 자신의 것으로 재발견하고 활용하기 위해서는 다음 사항을 확실히 할 필요가 있다. 즉, 인간은 누구나 자아를 형성해가고, 또 그것을 넘어서는 성장 가능성을 지닌 존재며, 그렇기 때문에 팔식적 인성을 확립한 후에 다시 사지적 인성으로 발달을 촉진하는 것이 불교의 주된 목표라는 것을 재발견·재확인할 필요가 있다.

그 목표에 순조롭게 도달하기 위해서는 팔식적 자아에도 적응적인 것과 부적응적인 것이 있기 때문에, 적응적인 자아를 형성하는 것까지를 목표로 하는 것이 현대적 방편의 기본적인 설정일 것이라고 생각한다.

이것은 실제적인 문제로 말하면, 요컨대 이런 이해를 바탕으로 한다면 심리치료와 불교가 서로 협력할 수 있는 것이다. 끝까지 파고들면, 더 이상 협력이 아니라 통합이나 융합이 될 것이지만, 각각의 학파나 여러 가지 사정이 있어서 좀처럼 순순히 통합이나 융합을 할 수는 없을 것이기 때문에 당분간 협력하는 것이 좋다고 생각한다.

다르게 말하면, 불교는 인간의 성장 단계라는 개념을 자각적으로 받아들일 필요가 있다는 것이다. 물론 인간의 성장단계라고 하면, 예를 들면『화엄경』의 52위位 등이 있지만, 유식의 오위설에서는 자량위 다음부터는 이미 마음을 일으켜 수행하려는 것이 시작되므로, 초심에서는 어떻든 범부에서 벗어나 보살 단계에 이르는 이론밖에 불교에는 없다. 그 이전의 범부들을 어떻게 파악하는가에 대한 이론은 없다.

범부가 완전히 보살이 될 수 없는 단계에서도 좋은 범부라는 것은 어떤 것인지, 좋은 범부는 어떻게 길러지는지에 대한 제대로 된 이론과 방법론이라는 것을 불교에서는 충분히 생각해오지 않았다.

다만 에도시대라면 유교적인 윤리와 불교가 습합되어 있기 때문에 좋은 범부를 키우는 원리는 유교여서 좋았던 것이다. 실제로 절의 스님이 서당에서 논어를 가르치곤 했다.

그러나 좋은 적응적인 자아를 기르는 방법론으로서 지금 논어를 가져와도, 현대에 그대로 통용되지 않기 때문에 그것을 대신하여, 요컨대 현대사회에서 좋은 시민으로서 살아갈 수 있는 인성은 어떤 것인가 하는 원리를 심리학에서 배우면서, 거기에 나아갈 바가 있다는 것을 확실히 전하는 것이 불교의 현대적인 큰 과제라고 생각한다.

4) 욕망의 부정에서 욕구의 긍정으로

또 하나 짚고 넘어가고 싶은 것은 '번뇌'라는 개념을 다시 검토해야 하지 않을까 하는 것이다. 일반적으로 번뇌는 '욕망' 또는 '욕망에 집착하는 것'

이라고 받아들여지고 있다. 그리고 욕망은 나쁜 것이라고 되어 있다. 하지만 솔직히 말하면 이것은 매우 모호한 개념이라고 생각한다.

욕망을 나쁜 것으로 여기면 살아 있는 한은 어떻게 하더라도 욕망이 제로가 되지 않으므로, 죽지 않으면 진짜 열반에는 들어갈 수 없다는 생각이 도출된다. 욕망이 의지할 곳인 몸이 아직 여분으로 남아 있어서 완전하지 않은 '유여열반'과 몸도 없어져서 진정한 열반이 되는 '무여열반'이라는 개념은 내 생각으로는 욕망을 다루는 방법이 적절하지 않았던 데서 나온 것이다.

현대 심리학의 눈으로 보면 불교의 욕망을 제대로 파악하지 못한, 굳이 말하자면 부적절한 부분이 있었다고 생각한다. 이것은 완전히 현대불교가 수정·보충해야 할 점이라고 나는 생각하고 있다.

그와 관련하여 결정적으로 중요하다고 생각하는 것은 에이브럼 매슬로 Abram Maslow라는 미국의 심리학자가 1960년대 말경에 확립한 '욕구의 계층 구조론'이라고 하는 획기적인 이론이다. 이것은 미국의 인본주의심리학, 심리치료계에서는 상식화되어 있는 생각 방식이지만, 이 생각 방식의 임상적인 타당성에 대해서, 불교 관계자는 거의 배우지 않고, 여전히 '번뇌는 욕망이며, 그것은 있어서는 안 되는 것이며, 그것을 부정하는 것이 불교다'라고 많이 생각하고 있는 듯하다. 그러나 실제로는 자기 자신도 욕망을 부정하지 못하고 있다. 또한 이렇게 말하면 매우 모호한 채로 '번뇌즉보리煩惱卽菩提'라고 해서 스님조차도 자신의 상태를 긍정해버리는 것이 되기 쉽다.

따라서 신도들에게도 "가능하면 소욕지족少欲知足으로 가세요"라고 말하면서 "그렇지만 좀처럼 그렇게는 되지 않겠죠. 하지만 번뇌, 즉 보리랍니다"라고 해서 간질간질하게 속이고 마는 셈이 되어버리고 만다. 소수를 제외하고는 "역시 불교의 본질은 소욕少欲입니다"라는 식으로 자신이 해보이면서 남에게 말하는 스님은 극히 드물다.

물론 그런 상태에서는 본질적인 지도를 할 수 없게 된다. 자신도 욕망을 억제하지 못하는 사람이 "욕망을 억제하는 것이 불교입니다"라고 말해봐도 애당초 별 감흥이 없는 듯하고, 말하더라도 설득력이 없다. 그리고 원칙을 지키는 소수의 훌륭한 스님만이 변함없이 '소욕지족'이라고 하고 있는 이런 상황이다. 그러나 만약 혹시라도 내가 오해하고 있다면 언제든지 정정할 생각이다.

그런데 기본적으로 소비는 좋은 것이라고 하는 사회 속에서는 그런 식의 말들은 거의 설득력이 없다. 근대 산업사회는 욕망을 충족시키는 것, 즉 소비는 좋은 것이며 사회발전의 원동력이라는 전제하에 운영되고 있기 때문이다.

성실한 스님들이 간혹 계시지만 원칙만을 지키면 근대의 산업소비사회를 모두 부정하는 것이 된다. 예를 들어, 전쟁 이전이나 에도시대 같이 옛날의 궁핍한 생활이야말로 불교적인 생활이라는 이야기가 되어버린다.

실제로 그런 일을 스스로 실천하는 분은 나름대로 훌륭하므로 좋지만, 그렇게 해서는 현대 시민에게 거의 접근할 수 없다. 본인은 좋고, 일종의 추앙을 받기도 하지만 그뿐인 것이다.

불교가 현대인을 구원할 수 없는 또 하나의 큰 포인트는 여기라고 나는 생각한다. 즉, 욕망이라는 문제에 대해서, 요컨대 욕망을 억제하는 것, 가급적 부정하는 것, '소욕少欲'이라든가 '금욕'이 불교의 본질이라는 식으로 파악하고 있는 부분이다.

그런데 매슬로는 인간의 욕구 — 원어는 '요구 need'이므로 '필요'라는 식
으로 번역할 수도 있지만 — 를 임상심리학적으로 고찰하고, 자연스럽고 건
강한 욕구와 병적인 욕구를 나누어 생각하지 않으면 안 된다는 결론에 도달
한 것이다. 그는 자연스러운 욕구를 '기본적 욕구', 병적인 욕구를 '신경증
적 욕구'라고 부르고 있다.

그리고 '기본적 욕구'와 '신경증적 욕구'가 어떤 구조로 되어 있는지를
살펴봄으로써, 아무래도 인간의 자연스러운 욕구 속에 일종의 계층구조가
있어서, 보다 기본적인 것과 2차적인 것이 있고, 더구나 그것은 2단계가 아
니라 몇 단계로 되어 있다고 생각했다.

인간의 가장 기본적인 욕구는 '생리적 욕구'이다. 물을 마시고 싶다거나
음식을 먹고 싶다는 욕구, 그런 생리적인 욕구가 가장 기본적이다.

이 기본욕구에 대해서 잘 생각해보면 알겠지만, 예를 들어 식욕에 대해
서 욕망을 모두 없애는 것이 옳은 것이라면 먹고 싶지 않게 되는 것이 맞다.

┊표 9┊ 매슬로의 욕구의 계층구조

그러나 전혀 먹고 싶지 않게 되면 어떻게 될까? 당연히 죽고 만다. 식욕이 다 떨어져서 굶어죽는 것이 욕망의 불꽃이 꺼지는 것, 즉 열반이고 깨닫는 것이라고 생각하고 단식하다 죽는다면 어떻게 자비의 행위를 할 수 있겠는가?

그건 아무래도 이상하다고 해서, 대승불교는 욕구 속에도 긍정할 수 있는 것이 있지 않을까 하는 생각에 '번뇌즉보리'라는 말을 만들어낸 것이라고 생각되지만, 그 단계에 대해서도 아직 충분한 정리가 이루어지지 않았다고 생각한다.

나의 지식의 범위에서는 인류의 사상사 가운데 욕구의 문제를 완벽히 정리할 수 있었던 것은 매슬로가 처음이며, 이 정리는 획기적인 것이라고 생각하고 있다. 기본적인 욕구, '식욕'에 대해서 다시 한번 생각해보면 보통의 경우, 식욕에는 한도가 있다. 배불리 먹으면 배가 불러서 그 이상은 필요 없어진다. 자연스러운 욕구에는 한도가 있기 때문이다. 즉, 기본적인 욕구는 '끝없는 욕망'과는 다르다. 식욕의 구조가 병적으로 된 것이 과식증, 거식증이다.

그럼 물을 마시고 밥을 먹을 수 있으면, 인간은 그걸로 만족하는가 하면 그렇지 않다. 생리적 욕구가 충족되어 있어도 한층 더 안정되고 안전한 상황 속에 살지 않으면 심리적으로 문제가 발생하게 된다. 인간에게는 안정되고 안전한 상태 속에서 살고 싶다는 또 하나의 기본욕구가 있다.

그러나 너무 배가 고프면 신변의 위험을 무릅쓰고라도 필사적으로 먹을 것을 찾으러 간다는 예에서도 알 수 있듯이, 어느 쪽이 기본적인가라고 하면, 생리적 욕구임에 틀림없다. 단지 인간은 생리적 욕구만 충족되어 있으면 그것으로 되는가 하면 그것이 아니라 그것에 이어서 '안정과 안전에 대한 욕구'가 나오는 것이다.

그러면 안정과 안전이라고 하는 상태가 되어 있으면 그것으로 충족되는가 하면, 그렇지 않고 내가 어떤 특정한 가족 또는 집단에 소속되어 있고, 거기에서 일정한 인정을 받고 있다, 사랑을 받고 있다고 하는 '소속과 사랑에 대한 욕구'가 나온다.

그러나 소속과 사랑에 대한 욕구와 안정과 안전에 대한 욕구 중 어느 쪽이 기본적인가 묻는다면, 안정과 안전의 욕구가 더 기본적이다. 이를 가장 잘 알 수 있는 예는 많은 학대를 받고 있는 아동의 케이스다. 보호하기 위해 사람이 가더라도 아이는 그 사람에게 바로 가지 않는다. 반대로 학대를 하고 있는 부모에게 매달리거나 하는 현상이 실제로 있다. 그것은 그 아이가 자신이 잘 알고 있는 안정된 상황에 있는 것이 사랑받을지도 모른다는 불확정한 가능성보다 중요하다고 느끼고 있기 때문이라고 해석할 수 있다.

이와 같이 소속되어 사랑받고 있는 상태보다 안정되어 있는 것이 더 중요한데, 그러나 그것만으로는 심리적으로 건전하지 않다. 어느 정도의 소속감이나 애정이 필요한 것이다.

그렇다면 그것들이 일정 정도 채워져 있으면 인간은 이제 행복하고 만족하는가 하면 그게 아니다. 특히 어떤 나이가 되면 자기가 자신인 것을 스스로 인정받는, 즉 자신감을 가질 수 있어야 된다. 그리고 남으로부터 평가받는 것도 필요하다. 타인으로부터도, 스스로도 승인할 수 있다고 하는 '승인욕구'가 생겨난다. 특히 사춘기에 이 승인욕구가 점점 주요한 주제가 되어간다. 인간의 욕구는 계층구조적으로 존재하고 있으며, 적당한 때에 적당한 정도로 충족되면 욕구의 단계와 초점이 점점 올라간다고 하는 것이다.

승인욕구라고 하는 것은 스스로 자신을 인정하고 싶고, 타인으로부터 인정받고 싶다는 욕구기 때문에 이것이 사회적합적인 것이라면, '착한 아이'가 될 수 있는 것이다. 이것을 실패하면 '나쁜 아이'가 된다.

비행을 저지르는 아동에게 현저한 것은 눈에 띄고 싶어 하는 것이다. 즉, 적절한 시선을 받을 수 있고 주목받을 수 있으며 승인받을 수 있는 일에 실패하면, 억지로라도 눈길을 끌려고 한다. 무시당하는 것보다는 나쁜 짓을 해서라도 '보여 주고 싶다'는 마음이 있는 것 같다. 그 근본에 있는 것은 승인욕구라고 생각하면 틀림없을 것이다.

그러므로 사회가 인정하는 형태로 모두의 주목을 받으면 좋겠지만, 여러 가지 상황 때문에 그것이 실패하면 사회가 인정하지 않는 형태로라도 주목받으려고 한다. 그리고 자신들만의 주목하는 집단을 만든다. 그렇게 되는 것이다.

이 승인욕구도 적당히 충족되면 어떻게 되느냐 하면 인간은 그것으로 끝이 아니다. 더욱이 내가 나라고 하는 것, 둘도 없는 존재로서 자신만이 할 수 있는 삶의 방식, 이상적인 상태가 되고 싶다고 하는 '자기실현욕구'가 나온다.

게다가 그때까지 승인욕구의 부분에서 잘 되고 있으면, 자신밖에 할 수 없는 일을 하고 사회에도 승인받고, 타인에게도 승인받는다는 것이 기본바탕이 되기 때문에 '자기실현'이라고 해서 제멋대로 일을 하는 것이 아니라, 정말로 자신이 납득할 수 있고, 타인으로부터도 인정받을 수 있는 형태의, 자신밖에 할 수 없는 삶의 방식을 찾게 되는 것이다.

이러한 승인욕구도, 자기실현욕구도 잘 충족되면 자신에게도 타인에게도 좋은, 매우 뛰어난 인성을 형성하는 것이 가능하다. 반대로 말하면 승인욕구 등이 충족되지 못했을 경우, 본인에게 에너지가 있으면 오히려 나쁜 방향으로 가고, 에너지가 부족해서 포기해버리면 침체, 칩거, 자살이라고 하는 결과를 초래한다.

그러므로 자연스럽고 기본적인 욕구를 충족시킨다는 것은 인간이 건강하게 성장하기 위해서 꼭 필요한 것이라고 매슬로는 파악하고 있다. 인간 성장을 위해서 기본적 욕구를 인정하고 충족시키는 것이 필요하다는 것은 현대의 인본주의심리학의 임상현장에서는 상식이라고 해도 좋을 것이다.

욕구를 충족하면 인간성이 점차 나빠지는 것이 아니라 올바른 승인욕구를 충족시키고, 올바른 자기실현욕구를 충족함으로써 보다 나은 인격 형성이 가능하다. 오히려 주의해야 할 것은 기본욕구가 제때 적당히 충족되지 못하면 도리어 인성이 왜곡된다는 것이다. 그 일그러진 욕구를 매슬로는 '신경증적인 욕구'라고 부른다.

매우 알기 쉬운 예로써 유소년기의 기아 체험이다. 예를 들면, 전쟁 중에 단것을 전혀 먹을 수 없었기 때문에 어른이 되어서도 단것에 매우 집착하는 세대가 있다. 당뇨병의 경계선이 되어도 단것을 그만둘 수 없는 것이다. 실례로 커피에 설탕을 다섯 숟가락 정도 가득 넣는 경우가 있다. 본인도 "어렸을 때 단 것이 없어서 그랬나?" 하면서도 끊을 수가 없는 것이다.

결국 적당한 때 적당한 정도로 충족되지 않으면, 어느 특정 욕구에 대한 신경증적인 고착이 일어난다. 이 경우 신경증적인 고착이 문제이지 욕구 자체는 문제가 아니다. 욕구는 자연스럽게 제때 적당히 충족되면 점점 더 높은 차원의 욕구구조가 되면서 건전한 인성을 형성할 수 있다. 도중에 잘 충족되지 않으면 거기에 고착이 생겨서 병적인 인성을 형성하는 것으로 이어진다는 것이다.

예를 들면, 소속과 사랑의 욕구를 충족시키지 못했을 때 어떻게 되는가 하면, 소속과 사랑에 지나치게 집착하는 사람이 되기 쉽다. 그렇게 되면 항상 타인에게 사랑받기를 요구하고, 타인에게 사랑을 과잉적으로 받지 않으면 만족할 수 없는 상태가 되어버린다.

그런데 그렇게 되면 타인으로부터 애정을 적당한 정도로 자연스럽게 획득하는 방법을 모르기 때문에 무리해서라도 타인의 사랑을 대신할 것 같은 것, 승인을 대신할 것 같은 것을 요구하는 인성이 형성된다. 이런 인성이 매우 이기적이거나, 독재적이거나, 다른 사람을 자신의 주변에 억지로 끌어들이는 존재가 되는 것이다. 그러다 사랑을 얻는 것에 절망하면 이번에는 '어차피 나 같은 건 아무도 사랑해주지 않는구나'라고 생각해 공격적인 사람이 되기도 하고, 반대로 주저앉기 쉬운 사람이 되기도 한다.

이와 같이 지금까지 '욕망'이라고 불리며 나쁜 것이라고 생각해온 것이 사실 성장의 과정에서 신경증적인 고착을 일으킨 욕구를 말하는 것이며, 욕구 자체는 자연스러운 것이고, 적당히 채우면 오히려 성장을 촉진시키는 것이다. 적당히 충족되지 않기 때문에 오히려 고착이 되고, 고착이 병적으로 된 욕구가 문제인 것이다.

다시 말하면, 매슬로 이후의 임상심리학에서는 '욕망이 좋은가? 나쁜가?'는 없고, '욕망'이라는 말 대신 '자연적인 욕구는 좋다', '신경증적인 욕구는 여러 가지 문제를 일으키므로 치유한다'라는 명쾌한 구별을 할 수 있게 된 것이다. 신경증적인 욕구의 경우도 단순히 나쁘다고 하는 것이 아니고, 이것을 단지 부정한다는 것이 아니며, 본인을 위해서도 주위에도 나쁘기 때문이다.

반면 불교인들이 '번뇌는 곧 욕망'이고 '욕망에 대한 갈애는 바뀌지 않는 인간의 본질이다'라거나 반대로 '어떻게든 욕망을 부정한다'는 식으로 고착된다면 앞으로 나아갈 수 없을 것이다.

나는 이것이 불교만의 오해가 아니라 전 세계의 주류 종교는 모두 금욕적인 성향을 가지고 있다고 생각한다. 예를 들면, 기독교도 기본적으로 욕구와 욕망을 부정한다. 내가 이해하기로 예수는 욕구를 긍정하는 방향성을 가지고 있다고 생각하지만, 그것은 본서의 주제를 벗어나기 때문에 생략한다.

어쨌든 매슬로의 인본주의심리학과 심리치료의 세계에서는 자연스러운 욕구는 충족시키는 것이 인간 성장으로 이어진다. 충족되지 못하면 거기에 신경증적인 고착을 일으켜 인성의 왜곡이 생긴다고 생각한다.

심지어 매슬로는 말년에 '자아실현욕구'로 끝나지 않는다는 것까지 발견한다. 즉, 어떤 사람이 자기밖에 할 수 없는 자신의 본연의 것을 확립했다고 하자. 그런데 그런 사람도 자신이 곧 죽어야만 한다는 것을 자각한다.

그렇다면 죽게 될 자신이 자아실현을 했지만 그 자아실현이 무엇인가 하는, 일종의 아슬아슬한 허무주의nihilism를 만난다. 그때 유한한 자기가 아니라 무한한, 영원한 자기를 발견하고 싶은 '자기초월욕구'가 일어난다고 한다.

그리고 이때 자기실현욕구까지 충족시킨 사람이 자기초월욕구로 자연스럽게 갈 수 있다고 한다. 무엇보다 신경증적인 고착을 가졌더라도 그것을 뛰어넘어 자기초월로 향하게 된 종교인도 역사적으로 많이 존재한다. 어렸을 때 불행한 경험이 있어서 그것을 뛰어넘기 위해 수행하고 깨달음을 얻은 결과, 과거의 고착은 더 이상 문제가 되지 않았다는 사람도 있지만, 인간 성장의 발달 단계로서 말하면 적당히 충족시키면서 욕구구조를 높이고 자기실현욕구에서 다시 자기초월욕구로 가는 편이 인간성장에서는 자연스럽다는 것이다.

매슬로가 이러한 설을 주창하는 데는 상당한 임상적인 케이스를 통한 확실한 증거를 가지고 있었고, 자기실현적인 인간의 실례로서 스즈키 다이세츠鈴木大拙나 간디 등 많은 종교인의 인성을 연구하여 그러한 사람들에게도 경향법칙傾向法則으로서 자기실현에서 자기초월로 간다고 하는 발달의 단계가 있다고 보았기 때문이다.

기본적인 욕구가 충족되지 못한 것에서 오히려 일종의 점프를 한 예를 들면, 도겐道元은 이른 시기에 부모님을 잃었기 때문에 그러한 의미에서는 사랑과 소속의 욕구가 충족되지 않았다고 봐도 좋을 것이다. 특히 어머니를 잃은 충격이 그가 발심하고 수행하는 동기가 되고 있다.[2] 그리고 원래 고타마 붓다도 생후 얼마 지나지 않아 어머니께서 돌아가셨다.

그러한 예에서도 알 수 있듯이 인생의 부정적인 경험에 대해서 부족함에 고착되는 것이 아니라 오히려 거기에서 점프하는 경우도 있다. 그러나 인간의 본질로는 단계적으로 욕구를 충족시킴으로써 욕구구조가 자기초월욕

---

2   岡野守也(2004), 『道元のコスモロジー』, 大法輪閣.

구로까지 가도록 되어 있고, 그것이 자연스러운 발달이라고 생각한다.

게다가 그러한 기본적 욕구가 제때 적당히 충족되어 '자기실현'이라고 하는 단계까지 가면, 그것은 거의 대승불교의 '자리이타自利利他'의 세계에 가까워진다. 즉, 내가 살고 싶은 대로 살고 있는 것, 주위의 모두를 행복하게 하는 것, 모두를 행복하게 하는 것이 내가 하고 싶은 것이고, 그러한 상태가 되어 있는 것을 '자기실현'이라고 부른다.

'자기실현'이라고 하면 말의 뉘앙스에서 오해받기 쉽다. 지금 언론에서 일반적으로 유통되고 있는 것은 자신이 마음대로 하고 싶은 것을 할 수 있는 것이 자기실현이라고 하는 오해이다. 말하자면 '성공스토리'다.

그런데 그 성공담 자체도 오해를 받고 있는 것일 수 있다. 미국의 성공철학은 확실히 사회에 공헌함으로써 자신이 돈을 벌거나 명성을 얻는 것이다. 진정한 성공이란 미국의 예를 들면, 앤드류 카네기Andrew Carnegie나 그에게 영향을 받아 성공의 방법을 이론화한 나폴리언 힐Napoleon Hill 등에 따르면, "세상에 공헌하는 것에 의해서 정당한 보수를 통해서 이익을 얻고, 얻은 이익을 다시 사회에 환원하는, 그것을 성공이라고 하는 것이다"라고 성공의 정의를 분명히 하고 있다.

자기 멋대로 자기만이 돈을 벌거나, 자기만의 명예를 얻고, 권좌에 오르는 것은 진정한 성공이라고 불리지 않는다. 하물며 매슬로가 말하는 '자기실현'은 내가 원하는 것만을 하는 것이 아니다. 자기실현이라는 개념은 대승불교 보살의 자리이타自利利他라는 정신과 거의 개념으로는 일치하고 있다. 게다가 그것은 자기실현에 그치지 않고 나아가 자기초월의 단계까지 포함할 수 있는 것이다.

인간의 욕구에 관해서 이런 이론적인 전망이 있으므로, 이를 참고하면 현대의 종교와 불교는 기존의 욕망에 대한 상식적인 사고방식을 근본적으로 수정할 필요가 있다. 왜 수정할 필요가 있는가 하면, 매슬로의 이론은 임상적 사실에 기초하여 세워진 것으로 임상적 타당성이 매우 높고, 사람을 인도할 때 유효성이 있다고 생각되기 때문이다.

불교의 원래 목적도 요컨대 중생들이 행복하기를 바라는 것이다. 특별히 중생들이 가난하고 비참한 생활을 하기를 원하지 않는다. 물론 욕망을 지나치게 추구하면 불행해진다고 하므로 소욕지족을 권하지만, 만약 욕구를 적당히 충족함으로써 사람들이 행복해진다면 행복해지는 길을 선택해야지 욕망의 부정 여부가 주요 포인트는 아닌 것이다.

또한 그런 개념을 바로 적용시켜 생각하면, 불교가 부정해온 것은 삶을 망치는 신경증적 욕구였다고 볼 수 있다. 불교가 과거로부터 현재에 이르기까지 본질적으로 추구해온 것은 그러한 것이었지만, 개념적인 구별이 충분하지 않았다.

불교는 근대의 과학적 방법을 포함한 임상심리학은 아니기 때문에, 서민의 행복과 건전한 상태에 대해 임상심리학적인 데이터를 많이 모아 타당성을 따져보는 과정은 안타깝게도 거치지 않았다. 하지만 중생의 행복과 안심이 목표라면 현대불교는 반드시 그것을 해야 할 것이다.

그렇다면 핵심은 '번뇌론'으로서, 자연스러운 욕구는 충족시키고 신경증적인 욕구는 치유하는 식으로 '번뇌론'을 수정해야 할 것이다. 게다가 그렇게 수정해도 목표로서의 깨달음으로 향하기 위한 보다 자연스러운 길이 있으므로, 본질에서 어긋나는 일은 없다.

그런 점을 직감한 것이 밀교적인 욕망의 긍정론이라고 나는 보고 있다. 하지만 밀교적인 욕망의 긍정론 속에도 자연스러운 욕구와 신경증적인 욕구라는 발달 과정의 개념은 역시 포함하고 있지 않다.

인간 마음의 발달적 과정을 임상적·실험적으로 파악할 수 있게 된 것은 겨우 백 년 남짓이기 때문에 그 이전의 불교에 그러한 통찰이 부족했던 것은 어쩔 수 없다. 그리고 앞에서도 말했듯이 고타마 붓다로부터 부파불교 그리고 대승불교라는 흐름이 발전하고 심화되듯이 불교는 발전하고 심화되어야 하고, 어느 시대의 성과를 고정시키고 이제 그것으로 모두 완성되었다고 보는 것은 불교의 본래의 관점에서도 잘못된 것이라고 나는 생각한다.

현대불교가 진정으로 현대에 도움이 되려면 지금 말한 포인트를 모두 짚어가면서 다른 한편으로는 원점으로 돌아가야 할 것이다. 원점은 여러 번 말했듯이 매우 보편성이 높기 때문에 원점을 바꿀 필요는 전혀 없다. 하지만 원점에서부터 현대의 보통 사람에게 접근하기 위해서는 지금까지 설명한 부분들을 보완하고 수정하여 심리치료를 쓸 수 있는 곳은 모두 사용한다는 발상을 할 필요가 있다.

다음에 설명할 것처럼 이 경우에는 여러 가지 심리치료의 흐름 가운데 유일한 것은 아니지만, 현대의 불교가 사용하기에 가장 쉽고, 타당성이 높은 것 가운데 하나가 합리적 정서행동치료라고 나는 보고 있다. 또 하나, 아들러 심리학도 불교와 통합하면 유효성이 높을 것 같다. 그 밖에 여러 가지가 있지만 이 책에서는 합리적 정서행동치료만을 다루고자 한다.

2

왜
합리적 정서행동치료를
선택하는가?

이제까지 이야기한 바와 같이 불교의 기존 이론적
틀에 부족했던 발달 단계적인 사고방식을 충분히 수용하여 자아와 욕구에
대해 긍정적인 시각에서 적절한 위치를 정하게 되면, 궁극의 목표인 보살적
인성을 향한 과정으로서 건전한 자아를 현대시대에서 육성하는 것도 시야
에 들어오게 된다.

건전한 자아를 육성하는 데 방법론과 이론은 다양하게 있지만, 특히 불
교와의 통합이 매우 부드럽게 이루어지는 것으로서 합리적 정서행동치료
가 좋다고 나는 생각하고 있다. 먼저 그 이유를 이야기하고 다음으로 합리
적 정서행동치료는 어떤 것인가에 대한 이야기로 진행하고 싶다.

심리치료에는 크게 '비지시적non-directive', '지시적directive'이라는 말로
표현되는 두 가지 큰 흐름이 있다. 알기 쉽게 말하면, 치료자가 내담자에 대

해서, '저렇게 하세요, 이렇게 하세요'라든가, '아아, 이렇게 있어야 합니다'라고 하는 것을 일절 말하지 않는 것이 비지시적인 접근이라고 한다.

그에 반해서 '이러는 편이 좋지 않습니까? 저러는 편이 좋아요'라고 하는 것을 지시하는 것이 바로 지시적인 접근이다. 그런 분류로 말하자면 불교는 법을 설명하는 것이기 때문에 원래 지시적이다. 즉, '이런 것이 올바른 것이다'라고 명확하게 방향을 잡아가는 것이 불교 본연의 자세이다. 비지시적으로 지시나 인도를 하지 않고 자연발생적으로 인간이 깨닫는 일이 일어나면 좋겠지만, 그것은 거의 기대할 수 없는 일이다. 그래서 어디까지나 깨달음이라는 목표를 위해서 '이렇게 있어야 합니다', '이렇게 해야 합니다'라는 것을 이야기한다. 기존 종교는 다 그렇고 불교도 원래 지시적이다.

일본에서는 전쟁 이후 들어온 미국형 민주주의와 미국형 교육의 강한 영향으로 심리치료의 주류도 미국형이다. 프로이트는 오스트리아인이고, 융은 스위스 사람으로 유럽 기원이긴 하지만 심리치료가 본격적으로 발전한 것은 기본적으로는 제2차 세계대전 이후의 미국이라고 말해도 좋다고 생각한다.

그런 사정으로 일본에도 전쟁 이후 주로 미국형 행동치료와 로저스학파의 상담이 들어온 것 같다. 프로이트의 정신분석, 융의 분석심리학도 전쟁 전부터 어느 정도 들어와 있었지만 본격적으로 전개되기 시작한 것은 역시 전쟁 이후다.

그러한 유럽과 미국의 심리치료가 들어왔을 때 학문 세계의 주류는 과학주의적인 방향을 가진 행동치료와 로저스학파의 상담이었다. 그것에 더해 정신의학으로서 프로이트의 정신분석이 있고, 마침내 융학파의 분석심리학도 상당한 영향력을 가지게 되었으며, 이후 굉장히 많은 심리치료가 들어왔다.

우선 행동치료는 아주 과학주의적인 방향성을 가지고 있어서 기본적으로 불교와 바로 접목할 수 있는 이론적인 공통분모가 눈에 많이 띄지 않는다. 로저스학파는 매우 비지시적이라는 정도가 아니라 애초에 비지시적이라는 것을 가장 강하게 주장한 학파이다.

이것은 결국 내담자가 무엇을 느끼고 무엇을 생각하고 있는지 온전히 들어주고, 끝까지 공감하며 들어줌으로써 내담자가 자신의 감정이나 생각을 스스로 깨닫고 정리할 수 있게 되고, 어떻게 하면 좋을지, 어떻게 하고 싶은지를 스스로 결정하도록 하는 접근법이다. 아주 간단히 표현하였지만 그러한 방향을 가진 심리치료·상담이라고 봐도 좋을 것이다.

이것은 전쟁 이후 미국에서 가장 유행한 심리치료며, 그것이 일본에 들어와서 지금도 주류를 차지하고 있는 것이다. 그래서 불교 관계자가 현대에 접근하기 위해 심리학을 채택하려고 할 때도 대체로 로저스학파의 상담을 채택하는 것 같다.

나도 상담 공부를 시작한 것은 역시 로저스학파부터다. 더 정확히 말하면 프로이트, 융, 아들러, 로저스라는 네 명을 지금으로부터 30여 년 전 거의 같은 시기에 병행해서 공부하기 시작했다.

그러한 의미에서는 로저스학파에도 많은 신세를 졌다. 그 후 공부를 진행하면서 나 자신도 마음을 내고, 상담과 관련된 분들의 솔직한 이야기를 여러 곳에서 보고 들으면서 생각하게 된 것은 로저스학파 상담의 비지시적인 방식은 미국에서는 유효했다고 하지만, 일본에서는 유효성이 낮은 것은 아닐까 하는 것이다.

그것은 왜 그런가 하면 이러한 것이다. 미국과 같은 문화적 상황 속에서 자란 사람은 인생에서 어떤 것이 잘못되었을 때 방해받지 않고, 반박하지도 않으며, 바보 취급하거나 하지 않고, 오로지 자신이 어떻게 생각하는지를 자유롭게 표현할 수 있도록 하는 자리가 주어지면, 거기서 자신의 생각과 감정을 정리할 수 있다. 즉, 원래 그런 문화적 상황 속에서 자란 사람은 자기주장을 할 수 있는 편안하고 자유로운 자리가 주어지면, 자기 스스로 결단을 내릴 수 있는 경우가 많다고 생각된다.

그런데 일본은 전쟁 이전부터 그런 사회가 아니다. 자기주장은 나쁜 것이며, 고집은 부리지 말고 '먼저 남의 마음을 헤아려라'라고 가르친다. 타인을 해치고 자신의 의견을 말하는 것은 안 된다, 그것은 꼴사나운 일이라고 하는 문화적인 배경이 있다. 항상 남에게 맞추는 것이 중요하지 내가 어떻게 하고 싶은지를 먼저 정하지 말라는 그런 문화의 나라다.

그것이 지금도 강하게 남아 있다고 생각된다. 예를 들어, 친구끼리 점심을 먹으러 식당에 가려고 한다. 어떤 대화가 오갈까? 먼저 "너 뭐 먹을래?" 부터 시작해서 저쪽도 "너는 어떻게 할래?"라고 반문한다. 그리고 그것을 두세 번 주고받고 나서 어떻게 되느냐 하면 한쪽이 "나 ○○ 먹을래"라고 딱 정하면 "그럼 나도"라고 상대에게 맞춘다. 이것은 매우 빈번하게 볼 수 있는 패턴이다.

끊임없이 상대의 의향을 물어본 뒤 자신의 것을 결정한다. 게다가 상대가 결정했다면 사실은 자신이 지금 먹고 싶은 것이 아닐지도 모르지만, 가능한 한 상대에게 맞춘다. 무엇이든 가능한 한 상대방에게 맞추는 것이 좋다고 하는 불문율이 있다.

일본은 적어도 얼마 전까지만 해도 자신이 어떻게 하고 싶은지를 먼저 결정하면 안 되는 나라였다. 지금은 점점 달라지고 있지만, 요즘 젊은 사람들조차 식사 테이블에서 바로 "나는 이거 먹고 싶다", "나는 이쪽이 좋다", "마음대로 하면 되잖아, 서로 좋아하는 것으로 하자"라는 이야기를 하기는 어렵다.

이처럼 문화적인 배경의 영향력은 굉장히 크다고 생각된다. 일본인은 지금 말한 것처럼 어느 쪽인가 하면 먼저 자신이 어떻게 할 것인가를 결정해서는 안 되는 것으로 키워지고 있기 때문에, 오로지 이야기를 들어주더라도 좀처럼 자신이 어떻게 하고 싶은 것인가를 스스로 결정하지 못한다. 더군다나 정할 때는 꼭 주위에서 어떻게 할지를 보고 나서 결정해야 하므로, 그렇게 맞춰줄 주변이 없는 상황에서는 좀처럼 혼자서 결정할 수가 없는 것이다.

그러한 문화 상황 속에서 로저스학파적으로 접근하다 보면, 상당한 시간이 걸린다. 내가 알기로는 오로지 이야기를 들어주는, 나쁘게 말하면 불평을 들어준다는 느낌으로 해결이 되지 않은 채 질질 끌면서 해결이 되지 않는 경우가 적지 않은 것 같다.

다만 그러한 비지시적인 상담가들은 혹독한 훈련을 받고, 결코 상대의 의견이라든가 감정을 콘트롤하려고 하지 않는 훈련을 받기 때문에, 자기표현을 할 수 있는 높은 차원의 말을 할 수 있다고 하는 의미에서는 내담자에게 상당한 도움이 되고 있다고 생각한다.

그러한 도움을 주고 있다는 점을 나는 전면적으로 부정하지는 않지만, 원래 자기주장을 우선시하지 않는 나라의 사람은 극도로 신경증적이고 병적인 차원이 아니면, 자기주장에 의지하지 않더라도 스스로 생각이나 감정이 정리되면 어떻게든 회복할 수 있다.

마음의 정리를 하기 위한 절차로서 그러한 비지시적인 접근은 일본의 문화 상황 속에서 그다지 효율적이지 않다고 나는 판단하고 있다. 일본인은 권위가 있는 입장에 선 사람, 선생님이나 치료사라고 말하는 사람이 "이렇게 하세요", "이렇게 하는 편이 좋아요", "이것이 올바른 것입니다"라고 말하는 편이 자신을 정리하기 쉽다. 물론 이것은 하나의 경향성으로서 이야기하는 것이지만, 그러니까 물론 마인드콘트롤이 되어서는 안 되지만 적어도 어느 일정한 방향을 제대로 지시하는 접근법이 일본의 문화적 상황에서는 분명히 효율이 좋다고 나 자신도 해보고서 느낀다.

지시적인 심리치료에도 여러 가지가 있지만, 사물을 대하는 사고방식이나 삶에 대해서 이렇게 하는 편이 확실히 좋다고 지시하는 대표적인 흐름으로, 예를 들면 아들러 심리학과 합리적 정서행동치료가 있다. 또한 지금 정신의학계에서는 합리적 정서행동치료와 상당히 가깝지만 약간의 차이가 있는 인지치료 등이 실제 임상효과가 높다고 해서 점점 수요가 늘어나고 있다.

나는 원래 어느 학파의 편을 든다고 하는 생각은 전혀 없지만, 일본의 상황 속에서는 지시적인 접근의 효과가 빠르고 좋다고 생각하기 때문에 이를 선택하는 편이 좋다고 생각한다.

보충적으로 하나 더 말해두면 마음의 문제에서도 생각이나 인지보다는 오히려 감정이나 신체성 등에 초점을 맞추는 심리치료가 있다. 물론 그러한 것도 의미나 역할이 있다고 생각되지만, 보살적인 인성을 향해 나아가기 전

단계로서 건전한 자아를 형성한다고 하는 목적의 차원에서 보면, 사물에 대한 사고방식에 초점을 맞추어 건전한 자아를 형성한다는 방향성이 있는 합리적 정서행동치료가 불교, 특히 유식과 접목하는 데 매우 적절하고 친화적이라고 생각하고 있다.

어떤 의미에서 적절한지는 이야기해 나가면서 내용이 명확해질 것이라고 생각한다. 우선 첫 번째 포인트는 지금 말한 것처럼 일본의 상황에서는 지시적인 접근 방법이 유효성이 높다는 것이다. 지시적인 것 중에서도 이론과 방법이 유식의 개념에 가까워서 앞에서 말한 것처럼 수정을 하면, 전혀 모순되지 않고 통합할 수 있다는 의미에서 합리적 정서행동치료가 좋다는 것이다.

통합적인 견해에서 보면 심리치료의 여러 가지 좋은 점은 전부 사용하면 된다는 이야기가 되고, 또 하나 아들러 심리학도 통합·접합하기에 적합한 것이지만, 거기까지 이야기하면, 책 한 권의 범위를 넘어선다. 이 책에서는 실제로 사용할 수 있는 형태로 통합하는 것이 목적이므로 우선 합리적 정서행동치료로 한정하고 싶다.

3

합리적 정서행동치료란
무엇인가?

합리적 정서행동치료는 앨버트 엘리스Albert Ellis
라는 미국의 치료사이자 임상심리학자가 1955년에 창시한 심리치료의 한
분야다. 엘리스는 1913년생으로 2007년에 돌아가실 때까지 매년 신간을 쓸
정도로 매우 열정적인 분이셨다. 일본에서는 여러 가지 일이 있어서 그다지
큰 흐름을 이루지는 못하였지만, 미국 심리치료 학계에서는 큰 흐름을 이루
고 있는 것 같다. 그는 정신분석에서 출발했다. 나치에 쫓겨 독일에서 망명
한 우수한 정신분석학자들의 다수가 거주하던 미국에서는 제2차 세계대전
이후 정신분석이 매우 유행한다. 그런 상황에서 그도 처음에는 정신분석 훈
련을 받았고, 정신분석 치료사로 출발했다.

그러나 정신분석은 시간과 비용이 드는 것에 비해 효과가 크지 않았던
것 같다. 정신분석은 적어도 매일 한 시간, 주 5일간을 분석 받고, 반년에서

1년 정도 계속하는 것이 이상적이지만, 그래도 낫지 않는 사람이 대다수여서 효율이 매우 나빴다. 그러나 그 이전에는 마음속 깊은 곳의 문제를 다루는 체계적인 방법이 거의 존재하지 않았기 때문에 정신분석이 시작되고 얼마 지나지 않았을 때는 이것밖에 없다는 느낌이 상당 기간 지속되었던 것 같다.

하지만 미국에서는 지지자들이 사라져 갔다. 좀처럼 효과가 없다는 것이 하나의 이유였다. 그리고 미국인의 국민성이 현실적이고 실용적이며, 성격이 급하다는 것도 이유였다. 전반적으로 바로 결과가 나와야 직성이 풀리는 국민성과 정신분석을 몇 년 동안 해도 낫지 않으면 '이런 걸 비싼 돈을 주고 왜 하나?'라는 생각이 들게 된 것이다.

엘리스도 정신분석을 하고 있는 사이에 '이런 것으로는 낫지 않네'라고 생각하기 시작하고, '그럼 어떻게 하면 나을 수 있을까?'라고 궁리한 것이 합리적 정서행동치료다. 엘리스는 자신의 독자적인 새로운 심리치료법을 먼저 '합리적 치료Rational Therapy'라고 부른다. 이것이 일본에서 '논리요법'이라고 번역된 것은, 약간 불행이라고 나는 생각하고 있다. 그 이유는 일본인은 어느 쪽인가 하면 이론을 싫어하는 국민이다. 그래서 '논리'라는 말의 인상만으로도 알레르기를 일으키는 사람이 많기 때문에 일본에 널리 유통시키는 것으로는 좋지 않았다고 생각한다.

이것은 '논리'라고 하는 것보다는 '이성'이라고 번역하는 편이 차라리 좋았을지도 모른다. 우선 '이성요법'이라고 번역해도 역시 차가운 느낌이 조금 들겠지만 말이다. 더 나아가 이는 '사물의 이치를 알고 마음을 편안하게 하는 법'이라는 의미다. 심리치료의 학파 이름이기 때문에 그렇게 긴 이름으로 할 수는 없겠지만 의미로는 그런 것이다. 요컨대 세상이나 사물의 도리와 이치를 정확히 마음에 받아들임으로써 마음의 편안함과 평정함을 확립한다는 매우 체계적인 치료법이다. 그리고 그러한 접근방식이 유식과 매우 비슷한 점이 있고, 그것이 통합이 가능한 지점이다.

그런데 '이성적·논리적Rational'이라는 말의 인상에서 '논리와 이성의 문제만 다루는가?'라는 오해를 받은 것 같다. 실제로는 그것을 출발점으로 해서 감정을 어떻게 조절할 것인가? 그리고 어떻게 건설적인 행동을 할 것인가? 하는 것까지 다 포함하고 있다. 이 때문에 최근에는 '합리적 정서행동치료REBT: Rational Emotive Behavioral Therapy'라고 부르고 있다.

일본에서 '논리요법'을 최초로 도입한 사람들이 이제까지 '논리요법'으로 통용되고 있으니 이대로 사용하는 것을 이해해주기를 바란다고 엘리스와 교섭하면서, '논리요법'인 채로 남아 있다. 그러나 '이성감정행동치료'라고 번역하거나 원어의 앞 글자를 따서 'REBT'라고 부르는 사람도 있다.

1) ABC 이론

합리적 정서행동치료의 이론과 방법의 기본은 'ABC 이론'이라고 불린다. A는 Activating event, 즉 '동기'가 되는 사건이라는 의미이다. 무슨 일이 생기면 어떤 감정이나 행동이라는 Consequence '결과'가 나온다. 이것이 C다.

상식적으로는 무슨 일이 생기면 이런 감정이 생기거나 이런 행동을 하는 것은 당연하다는 식으로 사건과 결과, 즉 A와 C가 일대일로 대응하고 있다고 생각하기 쉽다. 예를 들어, 어떤 일에서 실패를 한다. 즉, 사건 A다. 그러면 거기에서 절망해버린다고 하는 결과 C가 나온다고 하는 식으로 생각한다.

그러나 엘리스는 같은 사건을 당하고도 약간 실망하는 정도와 절망해서 자살에까지 이르는 정도가 있다는 식으로 차이가 있고, 그 차이는 어디에서 오는가 하면 사건 자체가 아니라 사건을 받아들이는 인식에서 온다고 한다.

여기서 말하는 사건을 받아들일 때의 사고방식이란, 머리로 잠깐 생각하는 정도가 아니라 그 사람의 마음속 깊은 곳에 있는 일종의 신념이라고 해도 좋을 만큼 깊은 사고방식의 패턴이다. 이러한 사고와 신념의 패턴을 믿음belief이라고 부른다. 그리고 어떤 특정한 사건 A가 일어났을 때 어떤 특정한 신념 B에 의해 받아들임으로써 어떤 결과 C가 나온다고 한다. 즉, A→C라는 식으로 단선적으로 대응하는 것이 아니라 A→B→C라는 식으로 되어 있어서 사건 A의 결과 C는 중간의 신념 B에 따라 크게 달라질 것이라고 생각하는 것이다.

이 점에서 불교·유식과 합리적 정서행동치료는 아주 잘 통합될 수 있다고 본다. 불교·유식에서도 사물은 단순히 객관적으로 존재하는 것은 아니다.

|표 10| 엘리스의 ABC 이론

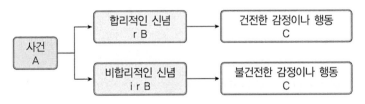

오히려 "그 사람의 본연의 마음 자세에 따라서 사물을 보는 방법은 거의 내지는 완전히라고 해도 좋을 정도로 다르다"라는 것이 원래 유식의 기본적인 사고방식이다. 마음의 본연의 모습이 팔식구조로 되어 있으면 이렇게 볼 수 있고, 네 가지 지혜의 마음으로 보면 이렇게 볼 수 있다고 하는 것은 이야기해온 대로다.

그런데 앞에서 지적했듯이 유식에서는 팔식구조라고 해도 건전한 팔식구조와 불건전한 팔식구조가 따로 있다는 구별을 하지 않기 때문에 팔식구조의 반응에서 나오는 것은 기본적으로는 번뇌라고 볼 수 있다. 선善의 기능도 인정하고는 있지만, 번뇌의 작용 쪽에 꽤 초점이 맞추어져 있다.

2) 건전한 감정과 불건전한 감정의 구별

합리적 정서행동치료에서는 인간의 감정을 우선 긍정적인 것과 부정적인 것으로 구별한다. 게다가 한층 더 각각을 건전한 것과 불건전한 것으로 명확하게 구별하고 있다.

결국 합리적 정서행동치료에서는 긍정적인 감정 속에도 건전한 것과 불건전한 것이 있다는 식으로 확실히 구별하고 있으며, 특히 중요한 것은 부정적인 감정에도 건전한 것과 불건전한 것이 있다는 것을 명확히 하고 있다는 점이다.

그리고 인간은 같은 사건을 당하더라도 적절한 신념으로 대처하면 적절하고 건전한 반응이 가능하다. 그에 비해 비이성적인 잘못된 것을 받아들이는 신념을 가지고 있으면 반응도 불건전한 반응이 된다고 하는 것이다.

엘리스는 부정적인 감정에도 건전한 부정적 감정과 불건전한 부정적 감정이 있다고 분명히 구별하고, 불건전한 부정적 감정을 초래하는 비이성적·비논리적인 사고를 문제의 지점에서 파악해 비이성적·비논리적인 사고를 바꾸어주면, 부정적이긴 해도 건전한 마음의 상태가 될 수 있다고 보고 있다.

앞서 기술한 ABC 이론이나 이러한 감정의 구별은 언뜻 보면 매우 단순해 보이지만 생활 속에서 누구나 자주 경험하는 부정적 감정, 즉 불교적으로 말하면 '번뇌'에 대처하고 그것을 줄이는 데 매우 도움이 되는 실천적인 이론이다.

건전한 부정적 감정과 불건전한 부정적 감정을 구별하는 실례를 들어보겠다. 예를 들어, 장래를 걱정한다고 했을 때 걱정이 되는 것은 물론 긍정적 감정은 아니지만, 자연스럽고 건전한 감정이다. 그런데 그것이 불안에 시달린다고 하는 데까지 간다면, 그것은 지나친 불건전한 감정이라는 것이다.

무엇인가 소중한 것을 잃었을 경우 슬픈 것은 자연스럽고 건전한 감정이다. 그런데 우울·침체라고 하는 부분까지 가버린다고 하면, 그것은 불건전하다는 것이다. 무엇인가 좋지 않은 일을 하면 당연히 자책감이 느껴져야 하는데, 그것이 '나는 더 이상 구제할 수 없는, 절대로 용서받을 수 없는 인간이다'라는 죄악감까지 든다면 그건 불건전한 것이다.

그리고 무언가에 실패했을 경우 아쉬움을 느끼는 것은 건전한 반응으로서 오히려 그렇게 생각하는 편이 다음에 노력하자는 것이 되기도 한다. 그러나 그것이 '내가 망신을 당했다. 이제 이런 것은 두 번 다시 할 수 없다. 하면 안 돼. 하려고 해도 실패할 수밖에 없어'라는 치욕감과 굴욕감까지 든다면 그건 불건전한 부정적인 감정인 것이다.

누군가가 자신에게 싫은 일을 했을 때 민폐라고 느끼는 것은 당연하다. 그러나 발끈해서 상대를 용서할 수 없을 정도의 분노와 격노로까지 나아간다면 그건 불건전한 것이다. 더구나 '불건전'은 윤리·도덕적 규정이 아니다. 예를 들어, 화를 내는 것이 왜 불건전하냐면 화를 내면 혈압이 오르고 본인은 불쾌해지고 화를 낸다고 문제가 해결되지 않기 때문이다. 화를 내는 것은 본인에게 아무런 합리성도 이익도 없다는 의미에서 불건전한 것이다.

그러니까 화내지 않는 편이 좋다. 결국 그 편이 논리적이고 합리적인 것이지만, 인간은 무심코 화를 내버린다. 그리고 자신이 손해를 본다. 그러한 것에 대해서 자기의 사고방식과 인식 방법을 합리적으로 정리함으로써 자신이 필요 이상으로 손해를 보는 부정적인 감정을 품고 가지 않도록 하려는 것이다.

예를 들어, 인간관계에서 욕을 먹거나 심술을 부리면 불쾌해하거나 실망하는 것은 건전한 반응이지만, 그렇다고 해서 자신이 심리적으로 상처를 입는 것은 불건전하다는 것이다. 마찬가지로 걱정과 두려움과 불안은 비슷하지만 다르다고 한다. 그리고 의심과 질투는 너무 지나치지 않으면 건전한 것이지만 대체로 지나친 경우가 많아서 불건전해지기 쉽다.

부럽다는 의미에서의 질투, 선망도 건전한 범위라면 오히려 그렇기 때문에 '나도 저렇게 되고 싶다'라고 생각하고 노력하므로 도움이 된다. 그런데 불건전한 선망과 부러움은 자기 자신을 비굴하게 만들거나 싫어하는 기분으로 만드는 타격을 줄 뿐이지 아무런 도움이 되지 않는다.

합리적 정서행동치료가 이런 식으로 건전한 부정적 감정과 불건전한 부정적 감정을 구별하는 것을 보면 정말 납득할 수 있다. 그중에서도 가장 알기 쉬운 것은 슬픔과 우울의 차이다. 예를 들어, 친한 사람이 죽었다고 하면 슬퍼하지 않는다는 것은 분명 부자연스러운 일이다. 그러나 그것이 우울하다고 하는 데까지 가서 "이제 살아갈 수 없어, 나도 뒤쫓아 자살해버린다"라고 한다면 이것은 지나친 것이 된다.

그런 식으로 같은 사건에 대해서 감정 차이를 만들어내는 것은 요컨대 그 사람이 갖고 있는 사고방식과 신념belief이라는 것이다. 그리고 비이성적인 신념을 이성적인 신념으로 대체함으로써 인간은 특히 부정적인 감정을 건전하게 대처할 수 있게 된다. 불건전한, 지나친 상태가 되지 않아도 된다는 것이다.

이것은 유식불교와 대응시켜서 말하면 번뇌를 가볍게 한다는 것이다. 지금까지 번뇌라는 말에는 감정적인 반응은 모두 나쁘고, 깨달은 사람은 감정의 기복이 없어진다는 식의 오해가 있었던 것 같다. 그러나 감정이 전혀 없다는 식의 경지를 이상적 경지라고 해도 보통 사람은 그렇게 할 수 없다. 또한 감정이 없어진다는 것은 지극히 부자연스러운 일이다.

내가 이해하기로는 깨달으면 감정이 없어지는 것이 아니라, 부적절한 감정이 없어질 뿐, 인생에 대한 감동이나 긍정감이라는 의미에서의 감정은 오히려 보다 깊어진다.[3]

감정에도 적절한 것과 부적절한 것, 건전한 것과 불건전한 것이 있음을 분명히 한 것은 합리적 정서행동치료의 매우 뛰어난 점이라고 생각한다. 더

---

3   岡野守也(2004), 『道元のコスモロジー』, 大法輪閣.

욱이 보통 사람이라도 감정을 적절하고 건전하게 상당한 정도로 조절할 수 있는 방법을 찾아냈다는 것은 우리에게 매우 고마운 일이다.

예를 들어, 누군가로부터 불리한 일을 당했을 때 화가 치밀어 '절대 용서할 수 없다'는 기분이 드는 것이 아니라 '매우 난처했다'라고 느끼는 정도로 받아들여서 '하지만 그 녀석에게도 그럴 만한 이유가 있겠지'라고 생각하고, '그와 더는 상종하지 않는 게 좋겠다. 하지만 미워할 필요는 없지'라는 식으로 건전한 대응을 할 수 있게 되는 것이다.

그런 의미에서 번뇌를 경감하는 방편으로서 합리적 정서행동치료는 매우 뛰어나다고 생각한다. 게다가 기본적으로 이성을 기른다고 하는 접근이기 때문에 현대인에게는 지극히 납득이 가는 방법이다.

3) 논리적·합리적 신념이란 무엇인가?

그래서 레셔널rational(이성적, 합리적, 논리적)한 신념belief이란 어떤 것인가 하면 다음과 같은 특징을 들 수 있다.

① 유연하다는 것, 즉 너무 단정하지 않다는 것이다. ② 논리성이 높은, 즉 논지가 일관되어 있다는 것이다. ③ 현실과 일치해야 한다는 것이다. ④ 건전한 목표 달성에 도움이 된다는 것이다. 이러한 네 가지 특징이 있다.

반면 비이성적인 신념은 정반대로 다음과 같은 특징이 있다.

① 경직되어 있다. ② 비논리적이다. ③ 현실과 일치하지 않는다. ④ 건전한 목표 달성을 가로막는다. 이렇게 네 가지 특징이 있다.

예를 들어, 시험을 보는 것에 대해서 생각해보자. 그럴 경우 유연한 신념이라면 '나는 ○○대학에 들어가고 싶지만 대학은 하나가 아니다. 여러 대학이 있다. 하지만 나로서는 일단 이곳에 들어가고 싶다'라는 생각을 한다. 그것에 대해서 '여기에 들어가지 않으면, 나는 이제 살아 있을 가치가 없다'라고 생각하는 것은 비이성적인 신념이다. 양자 중 어느 쪽이 유연성이 있는지, 경직되어 있는지는 확실하다.

논리적으로 말해도 확실히 대학은 얼마든지 있고, 대학에 가서 공부하는 것은 절대로 ○○대학이 아니면 안 된다고 하는 것은 아니다. 그러므로 '○○대학이 아니면 안 된다'라는 것에는 아무런 논리성도 없는 것이다.

현실과 일치하고 있는가 한다면 '○○대학에 들어가지 못하면 죽어야 한다'고 하는 현실은 어디에도 없다. 물론 특정 직업을 갖고 싶다고 해서 '○○대학 졸업이 아니면, 절대로 될 수 없다'라고 하는 것은 분명히 경향성으로는 있지만 절대라고 하는 의미에서는 현실과 일치하지 않는 것이다.

그리고 그렇게 믿음으로써 자기가 마음껏 공부하고 실제로 거기에 들어갈 수 있느냐 하면 종종 그 때문에 자신이 심리적으로 압박감을 느끼고 굉장히 불안해져서 오히려 실수를 할 가능성이 높아진다. 그러면 그런 사고방식들은 자신의 목표 달성에 오히려 방해가 된다.

사람이 가지고 있는 신념이 합리적인지, 비합리적인지는 이렇게 판별할 수 있다. 사람마다 사고방식은 여러 가지가 있다고 하는 것은 뭐라고 말할 수 없지만, 거기에 합리성이 있는지 없는지는 이런 기준을 가지고 제대로 판정할 수 있는 것이다. 이 정도만으로도 합리적 정서행동치료의 사고방식은 꽤 잘 되어 있다는 느낌이 든다.

예를 들어, 정리해고를 당했다고 하자. 이게 A다. 그때 '이제 난 안 돼, 죽어버리고 싶다'라는 감정적 반응 C가 나왔다고 한다. 그렇지만 정리해고가 되더라도 '죽고 싶다'라고 생각하지 않는 사람도 많이 있다. '실망스럽지만 뭐, 좋은 기회다. 이것으로 내가 하고 싶었던 진짜 일로 전직할 결심이 섰다'라고 생각하는 사람도 있을 것이다. 이 두 사람의 차이는 어디에 있냐면 B에게 있는 것이다.

직업에 대해서 유연성, 경직성을 말하자면, '아니, 직업은 여러 가지야. 내가 있던 회사만이 전부가 아니야'라고 하는 것이 유연한 사고방식이다. 그것에 비해서 '해고된 회사, 저곳이 일의 전부다'라고 생각하고 있다면 이것은 매우 경직된 생각이다. '자신이 가지고 있는 기능을 살리기 위한 장소는 한 곳밖에 없다'라고 생각하는 것은 매우 비논리적이다. '나의 능력은 여러 가지이고, 이 능력을 살릴 장소도 여러 곳이 있다'라고 생각하는 편이 논리적이다.

그리고 '정리해고가 되면, 이제는 다 틀렸어'라고 하는 것은 현실과 일치하고 있는가? 정리해고를 당했다고 하는 것은 '직업이 일시적으로 없어졌다'라고 할 뿐이지, 현실에서는 '안돼'도, '끝'도 아니다. 실제로 노력해서 재취업을 하면 되고, 바로 재취업을 못 한다고 해서 바로 죽는 것은 아니다. 더욱이 정리해고를 당해서 침울해져 있으면 재취업에 도전할 기운도 나지 않기 때문에 행복해지고 싶다는 자신의 본래의 목적만 방해할 뿐 아무런 도움이 되지 않는다.

'나는 이 회사에 있어야 한다. 정리해고 당하면 나는 이제 틀렸어'라는 확신은 네 가지 기준 가운데 어느 것에 비추어 봐도 비이성적이고, 비논리적이다. 그러나 '정리해고를 당하면 침체되는 것은 당연하다'라고 생각하는 사람은 자신의 생각이 비논리적이라는 것을 깨닫지 못하고 있는 것이다.

합리적 정서행동치료는 그렇게 정리해고를 당해 침울해져 죽고 싶은 사람에게, "아이고, 큰일이네요. 기분 잘 압니다. 정말 그런 기분이군요 …"라고만 하고 끝내지는 않는다. 물론 합리적 정서행동치료도 시작은 어느 정도 내담자와의 관계를 만들기 위해 공감적 접근을 하는데, 비교적 빨리 "마음은 잘 압니다만, 그래서 그곳에서 벗어나고 싶으세요? 아니면 그대로 있고 싶으세요?"라고 묻기도 한다. 이것을 너무 일찍 하면 '차갑다'라는 말을 듣지만 "내가 하는 일은 도와주는 것이기 때문에 당신을 돕고 싶다. 그리고 도와주는 방법을 알고 있으니까 전하고 싶습니다. … 하지만 지금 이대로 있고 싶으세요? 아니면 바뀌고 싶으세요? … 그럼 생각하고 있던 것을 조금 검토해봅시다. 확실히, 직업을 잃었다. 그래서 직업을 잃었기 때문에 이제 끝이다, 이제 나는 안 된다, 죽고 싶다는 느낌이겠죠. 하지만 직업이라는 것이 한 종류밖에 없는 걸까요? … 여러 가지가 있겠죠? 물론 지금까지는 이것을 해왔을지도 모르지만, 능력이라고 하는 것이 그것밖에 없는 것일까요? 능력을 여러 가지 가지고 계시지 않나요? 이제 안 된다느니, 무력하다느니 말씀하시지만 능력 있잖아요. 해고당했으니 다들 나를 못난 놈이라고 생각한다고 하는데, 그게 사실인가요? 분명히 힘들겠다, 안타깝다고 생각하는 사람도 많을 테고, 그중에는 못난 놈이라고 생각하는 분들도 있겠지만 모두가 당신을 안 된다고 생각하는 것은 아니지 않을까요?"라는 식으로 그 비논리성을 밝혀나가면서 "이제부터 다시 수정하고 다시 한번 건강하게 살아가는 것이 역시 목표죠. 지금 우울하게 있는 것이 그 목표 달성에 도움이 될까요?"

그러면 "그렇다고 해도 …"라는 식의 반응이 되돌아온다. "아니, 이것은 심술을 부리는 것은 아니고 … 물어보고 싶은데요. 도움이 될까요? … 도움이 안 됩니다. … 그렇죠. 기분은 알겠지만, 그 기분을 알아주고 그 기분 그대로 있어도 그것은 당신의 목표 달성에 방해밖에 되지 않는다고 생각합니다만 …"

이런 식으로 진행한다. 그러나 이것은 필자의 스타일이지 합리적 정서행동치료의 치료자 일반의 스타일은 아니다. 그렇게 하면 경우에 따라서 다르겠지만 상당한 저항을 당하는 경우도 있고, 금방 알아차리고 건강해지는 경우도 있다.

4) '~해야 한다' 사고와 '~라면 좋겠다' 사고

그런데 이성적 신념·생각과 비이성적인 신념·생각 사이에는 네 가지 정도 특징의 차이를 들 수 있다.

① 먼저 합리적·논리적인 사고의 특징 가운데 하나는 무엇인가에 대해 '~는 것보다 더 좋다', '~이면 좋겠다'라는 생각을 하는 것이다. 예를 들어, 앞의 대학의 예에서 말하면, '○○대학에 들어갈 수 있으면 좋겠다. 들어가고 싶다'라는 식의 생각을 한다. 그에 비해 비합리적인 사고방식이라면 '~해야 한다', '들어가야 한다'라는 생각을 한다. 그렇게 하면 들어가지 못했을 경우의 반응이 달라지는 것은 분명하다. '들어가면 좋겠다'라고 생각하고 들어가지 못했을 경우라면, '아, 아쉽다. 하지만 다른 대학도 있고 …'라는 식의 가벼운 아쉬움이 들 것이다. 그런데 '어떻게 해서든 들어가야겠다'라

고 생각했는데, 못 들어간 경우는 '아, 나는 이제 틀렸어'라는 식의 반응이
되기 쉽다.

② 다음으로 ①과 당연히 관련이 있겠지만 합리적인 사고방식은 반파멸
적反破滅的 사고, 반비관적反悲観的 사고라고 할 정도로 낙관적이다. 그에 비해
비합리적인 생각은 파멸적 사고고, 비관적 사고다.

마찬가지로 대학의 예로 말하면, 이렇게 될 것이다. 합리적으로 생각한
다면 불합격해도 '아, 떨어졌지만 뭐 다른 대학도 있고, 다음 기회도 있고, 어
떻게든 되겠지'라는 식의 반응이 될 것이다. 그에 반해서 비합리적인 사고
방식이라면 '꼭 들어갔어야 했는데, 떨어지고 말았다. 이제 나는 끝이다, 더
는 못 살겠다'라는 식으로 말할 수도 있다. 이것은 이미 완전히 비관적이고
자기파멸적이다.

③ 그리고 또 하나는 합리적인 사고라면 그러한 욕구불만과 좌절
frustration의 상황에 대한 내성과 견딜 수 있는 능력이 매우 높다.

즉, 대학에 들어가지 못했다는 사실에 대해서 '아, 아쉽다. 아쉽지만 그렇
다고 해서 죽을 필요는 없고, 견딜 수 없는 것도 아니고, 참고 또 노력해서 다
음을 목표로 하자'라든지 '내년을 목표로 하자'라고 하는 반응을 할 수 있다.

그런데 반대로 비합리적인 사고방식은 그런 것에 대해서 '아, 정말 안 되
겠다, 정말 못 견디겠다'라고 느끼는 것이다. 욕구불만에 대한 내성이 낮은
것이다. 같은 사건 A에 대해 반응 C가 '괴롭지만 견딜 수 있다'라는 식으로
되는 것과 '이제 안 되겠어, 견딜 수 없다'라고 하는 것은 전혀 다르다.

예를 들면, 실연을 당했다고 하자. '아, 괴로워. 하지만 또 분명 더 좋은 애
인을 만날 수 있을 거야'라고 생각하는 것과 '이젠 못 견디겠어, 죽고 싶어'

라고 생각하는 것은 사태는 똑같지만 감정적 반응은 전혀 다르다.

④ 더욱이 당연히 그것과도 관계가 있지만 합리적·논리적인 사고방식이라면 사태를 수용할 수 있지만, 비합리적·비논리적인 사고방식을 갖고 있으면 남의 탓을 하며 '타자비난'을 하거나 '나는 안 된다'라는 식으로 '자기비난'을 하거나 어느 쪽이든 사건을 받아들일 수 없다.

그러므로 건전한 사고방식·신념을 가지고 있으면 정리해고도 좋고, 실연도 좋고, 수험의 실패도 좋고, 병에 걸리는 것도, 예는 무엇이든 좋지만, 자신의 생각대로 되지 않는 일이 생겼을 때, '아니, 이런 것은 인생에서 흔히 있는 일이고, 나에게도 그 흔한 일이 일어났을 뿐이야'라고 하는 식으로 받아들일 수 있다.

하지만 불건전하고 경직된 사고방식·신념을 가지고 있으면 '아이고, 떨어졌다. 이건 내가 공부할 때 공부를 방해한 그 녀석 탓이다'라고 생각하거나, 그다음에 '아, 나는 이제 절대 안 되는 사람이구나'라는 식으로 되거나 어느 쪽이든 건설적인 방향으로 가지 않는 것이다.

이런 식으로 인생에서 부정적인 사건을 만났을 때 건전한 부정적 감정을 가질지, 불건전한 부정적 감정을 가질지는 그 사람의 신념, 받아들이는 방법, 사고방식에 달려 있다. 그 사람의 사고방식이 합리적이고 논리적인가, 아닌가에 따른다. 이것이 대체로 합리적 정서행동치료의 기본 원리다.

반복해서 말하면 합리적인 사고방식을 가지도록 지도함으로써 본인의 고통을 경감시켜줄 수 있다고 하면 그것은 깨달음으로 이끄는 것은 아니지만, 방편으로서 매우 뛰어난 것이라고 해도 좋을 것이다.

5) 세 가지 전형적인 '~해야 한다' 사고

합리적 정서행동치료에 의하면 자기 자신을 불행하게 하는 비합리적인 신념에는 세 가지 전형적인 유형이 있다고 알려져 있다. 엘리스 이후의 합리적 정서행동치료 학파 가운데 다소 다른 주장을 하는 사람들도 있지만 여기에서는 생략한다. 그리고 그것들은 모두 영어로 말하면 'must', 즉 '~해야 한다'라고 하는 생각으로 되어 있다고 한다.

먼저 첫 번째 '해야 한다'는 '나는 무슨 일이 있어도 절대로 훌륭하게 해야 한다. 나는 나에게 소중한 사람에게 절대로 인정받지 않으면 안 된다. 그렇지 않으면 나는 사회적으로 쓸모없는 인간이다!'라는 확신과 신념이다.

즉, 모든 상황에서 훌륭하게 행동하지 않으면 안 된다. 하는 일은 언제나 성공하지 않으면 안 된다. 그래서 자신에게 중요한 예를 들면, 부모, 연인, 친구, 상사 등의 사람에게는 반드시 인정받을 필요가 있다. 그리고 그러한 자신에게 소중한 사람에게 인정받지 못하면, 그것은 자신이 안 된다는 증거라고 하는 방식의 사고다.

이것은 우리에게도 정도의 차이는 있지만 꽤 흔히 볼 수 있는 일로, 예를 들면 시험이나 일 등에서 꼭 성공해야겠다고 강력하게 생각했다가 실패하면 '이 시험에 떨어졌으니 난 망했다. 이 일이 잘못되었으니 난 아무런 가치도 없다'라고 생각해버린다. 그것이 더 심해지면 '그러니까 이제 죽는 게 낫다'라고 생각을 해서 실제로 죽는 사람이 있는 것이다.

그래서 실패를 해서 자살을 하거나 그렇게까지 가지 않아도 우울증에 빠지는 사람에 대해서 '그만큼 실패를 했으니 어쩔 수 없지'라는 식으로 생각하기 쉽지만, 합리적 정서행동치료적으로 말하면, 조금 실망하거나 우울증

상태가 될지, 아니면 죽을 지경에까지 이르게 될지는, 그 사람의 마음속에 '무조건 이것은 성공해야 해, 성공하지 않으면 안 돼'라는 식으로 생각하고 있는지, 아닌지에 따라 달라지는 것이며, 그런 의미에서 그 사람의 일 처리 방식에 문제가 있다는 것이 된다.

'인간이기 때문에 성공할 수도 있지만 실패할 수도 있다. 이번에 우연히 실패했지만, 우연히 실패했다는 것은 앞으로 성공할 수 없다는 증거도, 내가 쓸모없는 인간이라는 증거도 아무것도 아닌 거야'라는 식으로 해석할 수 있다면 괜찮은 것이다. 물론 실패하면 실망을 한다. 실망하고 아쉽다는 정도의 건전한 부정적 감정이라면, 곧 '아, 아쉽다. 다음에는 분발하자'라는 식으로 긍정적으로 기능할 가능성이 높지만, '실패했다, 이제 나는 안 돼'라고 생각하면, 더 이상 회복할 수 없게 되는 것이다.

이것은 '해야 한다'가 실현되지 못하자 '나는 이제 안 되는 인간이다. 살아 있을 가치가 없다'라는 식으로 자신을 책망하는 '자기비난' 유형의 'must'다.

두 번째 유형은 '당신은 어떤 경우에도 나를 공평하고 배려 있게 대해야 해. 나에게 불만을 느끼게 해서는 안 된다. 그렇지 않으면 당신도 어쩔 수 없는 인간이다'라는 것이다.

예를 들면, 상사에 대해서 이런 '해야 한다'를 갖고 있으면, 동료가 나보다 빨리 승진했을 경우, 결코 능력에서는 뒤떨어지지 않는 자신이 상사의 편애 때문에 늦었다고 생각하고, '나를 공평하게 취급하지 않고 나에게 배려가 없는 그런 놈은 쓸모없는 인간이야. 용서할 수 없는 인간이야'라는 식이 되어버린다. 이것은 '당신은 나에게 불만을 느끼게 해서는 안 된다'라는 'must'로, 이렇게 생각하면 상대방을 비난하게 된다. 한마디로 '타자비난'

유형의 'must'다.

세 번째 유형은 '인생은 내가 원하는 것을 줘야 한다. 나에게 어떤 손해를 주어서는 안 된다. 그렇지 않으면 인생은 참을 수 없는 것이고, 전혀 행복할 수 없는 것이다'라고 하는 것이다. 이런 생각이 있으면 인생에서 자신의 생각대로 되지 않을 때 기본적으로 '부조리감'을 느끼게 된다. 한마디로 '부조리감' 유형의 'must'다.

이런 식으로 정리하면 잘 통찰한 것이라고 생각할 수 있다. 자기비난도, 타자비난도, 더 나아가 자기도 타인도 비난할 수 없게 되면 이번에는 신을 원망하든지, 세상을 원망하든지 해서 부조리감을 느끼는 것은 우리가 흔히 하는 일이다.

그런 감정 C는 잘 생각해보면, 논리적·이성적으로 생각해도 누구에게도 이득이 되지 않는 매우 비생산적인 것이지만, 인간은 그런 감정에 빠지기 쉽다. 그런 감정 C의 전제가 세 가지의 전형적인 '해야 한다'라는 신념 B인 것이다.

이런 식의 '해야 한다'는 생각은 우선 절대화되어 있고 경직되어 있다. 그리고 비합리적이다. 무엇보다 현실과 일치하지 않는다. 어떤 상황에서도 내가 어떻든 간에 '~해야 한다', '~해서 당연하다', '~여야 한다'고 강하게 확신하고 있으면, 자신을 필요 이상으로 또는 불필요하게 그런 의미에서 신경증적으로 비참하게 할 뿐이다. 이는 자신의 인생의 목표를 달성하는 데 방해가 될 뿐 어떤 역할도 하지 않는다.

합리적 정서행동치료를 통해 이런 것을 잘 배워두면 강한 부정적인 감정을 느끼고 자신이 혹사당할 것 같은 심리적인 대혼란을 겪은 경우도 '글쎄,

이것은 상황이 나빴기 때문인데 이렇게 되는 것이 당연한 것인가? 아니면 내가 취하는 방식에 문제가 있는 것인가?'라고 그 자리에서 문득 자기통찰을 할 수 있어 도움이 되는 것이다.

그렇다고 해도 처음부터 거기까지 논리적으로 일을 생각할 수 있는 사람은 거의 없기 때문에 치료사의 도움이 필요하게 되지만, 합리적 정서행동치료는 최종적으로는 내담자가 이러한 논리적인 견해를 몸에 익히고, 스스로 자신의 문제를 해결할 수 있게 되는 것을 목표로 하고 있다. 그런 의미에서 매우 '교육적'이고, 또한 '지시적'인 것이다.

6) 원망의 경우

부정적인 사건을 어떻게 파악하면 좋은지에 대해서 자아를 부정하지 않고, 오히려 이성적인 자아를 확립함으로써 고통을 경감시켜 줄 수 있는 방법론으로서 합리적 정서행동치료는 매우 뛰어나다고 생각한다. '당신의 자아를 바꾸십시오'라거나 '자아를 버리세요'라는 것이 아니라 '비논리적이며 나에게 손해인 사고방식을 바꿉시다'라고 제안을 해서 생각을 바꾸는 것뿐이다.

그러나 자신의 생각에 고착되어 있는 사람은 사고방식의 기반을 바꾸는 것 자체에 대해서 상당히 저항하는 경우가 많다. 고착되어 있으므로 엘리스는 '신념, 확신belief'이라고 부른다.

하지만 그 저항을 푸는 데 "바꾸는 것과 바꾸지 않는 것, 우선 당신은 어느 쪽이 편할 것 같습니까? 어느 쪽이 이득입니까? 어느 쪽이 중장기적으로 당신의 행복으로 이어질 것이라고 생각합니까? … 그리고 주위 사람에게 미치는 민폐의 정도는 어떻습니까?"라고 하면 상당히 효과가 있다.

한 가지 사례를 들자면 본인의 주장으로는 '부모가 나쁜 탓'으로 마음의 문제를 안고 있는 젊은이들에게는 이런 접근을 한다. "원망하는 마음은 잘 알아요. 하지만 원망하는 것이 좋을까요? 원망하고 있으면 기분이 좋나요? … 원망하는 것은 자신이 기분 나쁘잖아요. 원망하고 있으면 손해 보는 것은 당신이라고 생각되는데, 어떻게 생각해요?" 그러면 대개는 "그런 말 해봤자"라고 반응한다.

"그런 말 해봤자 하는 기분도 알지만 … 원망하고 있다는 것은 자신이 싫어하는 기분이겠죠? 싫은 기분으로 시간을 보낸다는 것은 시간을 헛되이 보내는 것입니다. 하지만 인생의 시간이란 한계가 있어요. 유한한 인생의 시간을 헛되이 보낸다는 것은 누가 손해를 보는 겁니까? 당신입니다. 직접 해버리는 것이라면 몰라도 상대방이 별로 신경 쓰지 않는다면 상대방은 손해를 보지 않죠. 상대방이 손해를 본다면 원망을 할 수도 있지만 말입니다. 마음속으로 원망하고 있는 것이라면, 싫은 마음으로 인해서 손해를 보는 것은 당신이지, 상대에게는 아무런 영향도 없지 않을까요? 원망하고 있으면 자신만 손해를 볼 뿐이니까 상대를 위해서라기보다는 자신을 위해서 그만두는 게 어때요?"

이것은 특히 논리적·합리적 신념의 네 번째 특징인 건전한 목표 달성에 도움이 된다는 특징을 사용한 설득으로, 사람에 따라서는 이 단계에서 문득 느끼고, 원망에 대한 집착으로부터 해방되기도 한다. 합리적 정서행동치료에서는 유머를 중요시하기 때문에 지나치게 저항하는 것 같으면 "아무래도 원망하는 것을 멈출 수 없을 것 같으면, 직접 손을 대면 범죄가 되니까 그럼 주살呪殺의 방법이라도 가르쳐줄까?"라고 농담을 하기도 한다. 물론 상대 방을 보면서 말하고, 모든 사람에게 말할 수는 없지만, 제 경험으로는 여기 서 '알려주세요'라고 반응하는 사람은 아직 만나지 못했다.

말할 것도 없이 유머는 경직된 생각을 웃음으로 풀어주고 유연한 사고를 할 수 있도록 마음의 여유를 준다.

이야기를 진행하는 방법에는 여러 가지 경우가 있다. 예를 들어, 그다음 으로 ABC 이론의 합리적인rational 신념과 비합리적인irrational 신념이라는 사고방식을 가르치고, 원망의 원인이 되고 있는 '부모는 내가 기대했던 대 로 나를 사랑했어야 한다. 그렇게 하지 않은 그들은 절대로 용서할 수 없는 나쁜 인간이며, 사랑받지 못했기 때문에 나는 이런 인간이 된 것이다'라고 하는 확신은 비합리적인 신념이라는 것을 지적한다.

그리고 '부모라면 자식을 사랑해야 한다'라는 경직된 사고방식을 '부모 니까 자식(나)을 사랑해줬으면 좋았을 텐데'라는 유연한 사고방식으로 바 꾸자고 제안하다 보면 많은 사람이 비교적 짧은 기간에 많이 달라진다.

즉, '나쁜 것은 저 녀석이니까 원망을 살 만하고, 용서하면 자신이 손해 본다'라는 식으로 생각하는 것은 '원망하는 것은 용서하지 않는 것이라는 비합리적인 신념을 계속해 유지하는 것이다. 그것은 자신이 선택하고 있는 것이며, 그것으로 손해를 보는 것은 자신이다'라고 깨달으면, 상대를 위해 서가 아니라 자신을 위해서 용서하기 쉬워진다. 즉, 원망으로부터 해방되는 것이다.

불교·종교적인 윤리로서 "사람을 용서한다"는 말을 하면 종종 "그럴 수 없습니다. 저는 그런 성인군자가 아닙니다"라는 반응이 되돌아온다. 그런데 합리적 정서행동치료는 반대로 보통 사람은 성인군자가 아니라는 것을 전제로 하고 있는 것이다. 그래서 본인에게 손해인지, 이득인지 하는 이성적인 이해타산으로 접근하는 것이다.

"왜냐하면, 원망하고 있으면 기분이 나쁘지 않을까? 기분 나쁜 시간도 네 인생의 시간이야. 원망하고 있는 동안에 또 다른 즐거운 시간을 가질 수 있는 거야. 언제까지나 원망에 관여하고 있으면 그런 시간이 전부 자기 인생의 주어진 시간에서 차감되어 손해가 되는 거야. 이 기회에 용서하는 것이 싫다면 잊기로 하지 않을래? 용서 안 해도 돼. 잊어버리면 되는 거지. 할 수 있어? 상대를 위해서가 아니야. 너 자신을 위해서 잊는 거야"라는 식으로 말해가는 것이다. 물론 이것이 곧 원망이 완전히 해소된다는 것은 아니다. 마음속의 비논리적인 확신이라는 것은 이른바 '마음의 습관'이기 때문에 손해를 본다고 생각해도 좀처럼 그만둘 수 없다. 그러나 그것이 손해라는 것이 논리적으로 명확하게 밝혀지면 철저하게 자기 자신의 비합리적인 신념을 논박하고 자신을 설득하도록 지도해나갈 것이다.

"부모는 반드시 자식을 사랑하는 것이라는 우주의 법칙이라도 있는가? 있다면 왜 자식을 사랑하지 않는 부모가 이렇게 많이 있는 것인가? 사랑하는 편이 좋겠지만 자식을 사랑하지 않는 부모가 많다는 것도 사실인데 그것은 안타깝게도 법칙이 아니다." "부모도 불완전한 인간이기 때문에 완벽히 사랑할 수 없는 일도 있다"라고 말이다.

'그보다 무엇보다 원망하는 것이 이로운가?', '원망하면 상대방에게 효과가 있는가?', '원망하는 것은 어떤 의미가 있는가?', '원망하는 것에는 합리성이 없다'는 것을 스스로 자신에게 철저하게 설득시킬 수 있다면 서서히 확신은 희미해진다.

게다가 그 경우 불교의 원칙과는 달리 편리한 점은 원한이 백 퍼센트 없어지지 않아도 된다. 원망에 너무 집착해서 자신이 잘 살 수 없는 상태가 조금이라도 가벼워지면 된다. 조금 남아 있어도 별로 상관없는 것이다. 우선은 본인이 편하기만 하면 된다. '불건전한 부정적 감정'인 '원망'이 '건전한 부정적 감정'인 '아쉬움' 정도로 바뀌면 된다는 것이다.

7) 적응적 자아의 확립

합리적 정서행동치료에서는 부정적인 감정 모두에 대해서 우울한 상태든, 슬픔이든, 미움이든 모두 없애버리자는 것이 아니라 건전한 범위 안으로 경감할 수 있으면 좋겠다고 생각한다. '적응적 자아'의 확립을 촉진한다고 해도 좋을 것이다. 즉, 우선 자신이 기분 좋게 살 수 있도록 하는 것이 적응적이고, 게다가 주위 사람들과도 잘 지내는 것이 적응적인 것이다.

생각해보자. 예를 들면, 끊임없이 슬퍼하고 있고, 끊임없이 우울해하고 있고, 끊임없이 원망하고 있고, 끊임없이 미워하고 있는 이런 사람하고 어울리고 싶겠는가? 자신이 그런 사람이라면 주위 사람들과 즐겁게 살 수 없는 것은 당연하다. 즉, 적응이 안 되는 것이다. 기본적으로 다른 사람에 대해서 개방적이고, 비교적 상냥하고 유연하고…등의 성질을 가진 사람이 주위의 사람과 잘 지낼 수 있고, 본인도 기분 좋게 살 수 있는 것이다.

그래서 적응적인 자아가 된다는 것은―이 점은 불교와 원칙적으로는 다르지만─우선 자신을 위한 것이다. 그렇게 되면 자신이 이득을 얻는 셈이다. 자신이 이득을 보기 위해 어떤 의미에서 '좋은 사람'이 되는 것이다. 다른 사람을 위해 좋은 사람이 되는 것이 아니라 자신을 위해 좋은 사람이 되는 것이다.

하지만 비록 자신을 위해서 '좋은 사람이 된다'고 해도 그것은 동시에 어느 정도는 남을 위해서 좋은 사람이 되는 것이다. 결국 남과 잘 지내지 않으면 사람은 행복할 수 없다.

그럴 경우 먼저 자기 쪽, 자기 득실에 제대로 비중을 두고 긴 안목으로 봤을 때 자신에게 이득이 될 만한 삶의 방식을 선택한다. 그러나 긴 안목으로 보아 자신에게 이득이 되는 생활방식이라는 것은 반드시 어느 정도 타인에게도 이익이 된다. 주고받는 것이 되어 있는 것이다. 그렇지 않으면 장기적으로 보면 자신에게도 도움이 되지 않는다.

다만 남을 위해서라든가, 자기희생이라든가 하고 생각하면 "내가 왜 그 녀석을 위해서"가 된다. 그러나 "지금 해 두면, 장래에 내게 돌아온다"라고 생각하면 실천할 수 있는 것이다. 그런 의미로 말하면 논리적·합리적으로 생각할 수 있다는 것은 잘 살아갈 수 있게 되는, 즉 적응적인 자아가 될 수 있다는 것이다. 그러한 적응적인 자아가 되어 가는 가운데, 그런데도 부족한 점이 있다고 하는 곳에 도달하고 나서 다음으로 나아가면 되는 것이다.

부족한 점이 있다고 해도 그것이 나쁘다는 것은 아니다. 자아를 확립해 자기를 실현하고, 그리고 자기초월을 목표로 한다는 것은 무리하게 그렇게 해야만 한다는 것이 아니라, 자연스러운 인간 성장의 가능성과 잠재력이라고 하는 의미다. 이 때문에 이른바 득실을 넘어, "인간으로서 모처럼 태어났는데, 인성이 개화하지 않은 채로 도중에 끝나버린다는 것은 재미없잖아요. 이렇게 훌륭한 존재가 될 수 있는데, 도중에 끝나면 재미없지요"라고 하는 접근이 가능하다는 의미다.

그러나 사람마다 개인차라는 것이 있기 때문에 중간에 멈추고 싶은 사람은 중간에 멈출 수 없는 것이 아니라, 적응적 자아까지만 된다고 해도 대단한 것이다. 그것만으로도 본인은 충분히 행복하고, 흔히 말하면 '좋은 시민'이 된다면, 본인도 행복하고 주위에도 도움이 된다. 거기서부터 그 사람이 더 나아가고 싶은지 어떤지는 상관없다고 나는 생각한다.

이 경우 불교는 우선 적응적 자아·좋은 시민을 길러내고, 그다음으로 보살이 되느냐 마느냐 하는 것은 본인의 희망과 자발성에 맡기면 된다. 그러나 아마 거기까지 가고 싶다고 하는 잠재적인 욕구가 인간 속에 내재되어 있을 것이라는 것이 매슬로 또는 트랜스퍼스널transpersonal 심리학의 가설이다. 나는 이것을 매우 타당하다고 생각하고 있다.

다시 한번 말하지만 거기까지 가지 않더라도 불교의 가르침을 갑자기 들이대는 것보다는 방편으로서 이런 식으로 본인의 고민을 덜어주는 것이 불교에서 충분히 할 수 있는 일이고, 불교에서 해도 좋은 일이다.

8) 유식과 합리적 정서행동치료의 일치점

계속해서 합리적 정서행동치료의 몇 가지 기본적인 통찰에 대해 이야기해나가겠다.

첫 번째는 ABC 이론을 정리하면 "인생의 어려운 일에 대해 나를 심리적으로 혼란스럽게 하는 것은 주로 자기 자신이다. 느끼는 방법은 사고방식에 크게 영향을 받는다. 불쾌한 일이 있거나 실망스러운 일이 있을 때, 의식적이든 무의식적이든 합리적인 사고를 선택하면, 그 결과 건강한 부정적 감정이 일어나고, 비합리적인 사고를 택하면 건강하지 못한 부정적 감정이 일어난다"라는 것이다. 여기는 합리적 정서행동치료와 "사물이 어떻게 보이는가는 그 사람이 마음먹기에 달렸다"라는 유식의 사고방식이 딱 겹치는 부분이다.

앞의 예로 말하면, 부모는 자신이 기대했던 것 같은 형태로 사랑해주지 않았지만, 거기서 원망이라고 하는 감정이 일어나는지, 아쉬움 정도에 머무르는지의 차이다. 여기서 '선택하다'라는 말이 사용되고 있는 것처럼 합리적 정서행동치료에서는 의식적이든 무의식적이든 어떤 생각을 가질지는 본인이 선택하고 있다고 생각한다. 그렇다는 것은 선택을 다시 할 수 있다는 것이기도 하다.

순서적으로는 우선 신념을 선택한다. 그 결과로서 감정도 선택한다. 그러므로 신념을 다시 선택함으로써 감정을 다시 선택할 수 있다는 것이다. 즉, 불교적인 표현으로 한다면, 이치에 맞는 생각을 선택함으로써 번뇌를 줄일 수 있는 힘이 인간에게 있다는 것이다.

사실 엘리스 자신이 스토아학파의 철학자인 에픽테토스Epiktētos로부터 가장 큰 힌트를 얻었다고 말하고 있지만, 고타마 붓다의 가르침도 합리적 정서행동치료의 큰 힌트가 되고 있다고 말하고 있다.

예를 들면, 어떤 일이 일어난다고 해서 '이런 일은 견딜 수 없다'라는 생각을 가지고 있다면 정말 참을 수 없다는 감정이 생겨난다. 하지만 '이런 일은 흔히 있는 일이고 매우 힘들지만, 그래도 견뎌낼 수 있다'고 생각하면 확실히 견딜 수 있다는 생각이 든다. 같은 일에 대해서 '견딜 수 없다'라고 볼 것인가, '힘드네. 그렇지만 나라면 견딜 수 있어'라고 볼 것인지는 본인의 선택이다.

이 발상을 나 자신이 배울 때는 사실 사고의 점프라는 느낌이 들었다. 견딜 수 없는 것은 죽지 않는 한은 없다. 살아 있다는 것은 견디고 있다는 것이기 때문에 정말 견딜 수 없다면 우선 기절할 것이고 머지않아 죽고 말 것이다.

그래서 '못 견디겠다'라고 하는 사람에게는 "하지만 사실은 버티고 계시잖아요"라고 대답을 한다. "그러니까 그것은 정확히 말하면 견디기 힘들다는 거죠? 확실히 그것은 괴롭다고 생각합니다. 하지만 실제로 버티고 계시잖아요? 당신에게는 사실 견딜 수 있는 힘이 있습니다. 그러니까 사고방식으로서 '못 견디겠다'가 아니라 '너무 힘들다'라는 식으로 생각을 다시 해보면 어떨까요? '매우 괴롭다, 그렇지만 견딜 수 있어'라고 스스로 말하면, 괴로움이 변해요"라고 하는 것이다.

이것은 실제로 해보면 알 수 있지만, 사고방식을 바꾸는 것만으로도 감정의 괴로움이 상당히 달라진다. '아, 심하다, 힘들다, 고되다. 하지만 견딜 수 있어'라고 말이다. 이러한 '힘들다. 하지만 견딜 수 있어'라고 하는 것을 자기 안에서 말하는 것만으로도 같은 사태에 대한 감정이나 대처가 전혀 달라진다. '힘들다. 하지만 견딜 수 있어'라고 한다면 그다음으로 '어떻게 하면 이 사태를 개선할 수 있을까?'라고 생각할 수 있다.

많은 것은 바꿀 수 있다. '견딜 수 없다'라고 보는 것이 아니라 '힘들다. 하지만 견딜 수 있어', '그럼 어떻게 하면 개선할 수 있을까?'라고 생각하면서 능동적으로 문제를 해결하고자 하는 의욕이 생기게 된다. 견딜 수 없다고 생각하면 우울과 절망이라는 불건전한 감정이 생겨나게 된다.

이런 것을 배우고 난 이후 여러 가지 힘든 일이 발생하면 나는 이렇게 생각하기로 했다. '괴롭다, 고되다, 너무 힘들다. 하지만 견딜 수 있어. 그래, 어떻게 하면 이 일을 개선할 수 있을까?'라고 말이다.

그리고 더더욱 합리적 정서행동치료에서는 "불쾌한 일에 대한 적절한 대처 방법은 두 가지밖에 없지 않을까요? 사건을 개선할 것인가 아니면 받아들일 것인가. 바꿀 수 있는 것은 바꾸면 되고, 바꿀 수 없는 것은 받아들일 수밖에 없습니다"라고 가르친다.

9) 트라우마 이론의 부정

합리적 정서행동치료의 기본적 통찰의 두 번째는 "내가 언제, 어떻게, 어떤 이유로, 자신에게 불건전한 감정을 일으켰든 간에 그것이 지금까지 계속되고 있는 것은 스스로가 지금 그 비합리적 신념을 지속할 것을 의식적이든 무의식적이든 선택하고 있기 때문이다. 과거나 현재의 좋지 않은 상황은 확실히 영향을 주고는 있지만 그것 자체가 마음을 어지럽히는 것은 아니다. 자신의 현재 인생관이 자신의 고민의 원천인 것이다"라고 하는 것이다.

다시 말하면 '자기 자신의 사고방식이 자신을 더욱 불행하게 만들고 있다'라고 하는 사고방식이다. 그것이 아직도 계속되고 있는 것은 그 도리에 맞지 않는 생각에 연연하여 그것을 계속 가지는 것을 의식적으로나 무의식적으로나 지금 자신이 선택하고 있다고 하는 것이다. 과거나 현재의 나쁜 일들이 영향을 주는 것은 틀림없지만, 그것 자체가 마음을 어지럽히는 것이 아니라, 자신이 현재 가지고 있는 인생관이 자기 고민의 주된 원천이라는 것이다.

이 사고방식도 "사물을 어떻게 보는가는 자신의 식識·심心의 본연의 자세에 달려 있다"라고 하는 유식의 통찰과 정확히 일치하고 있다. 내 마음가짐이 세상을 어떻게 볼 것인가를 결정한다. 결국 그것은 '자신'이 선택하고 있는 것이기 때문에 스스로 바꿀 수 있다. 자신의 인생관은 스스로 선택하고 있는 것이기 때문에 다시 선택할 수 있다는 것이다.

예를 들면, '이런 부모 밑에서 자랐기 때문에 나는 이런 성격이 되어버렸다'라고 하는 것은 합리적 정서행동치료에서는 '이런 성격'이라고 생각하는 것은 말하자면 '그런 사고방식의 습관'이며, 그것을 지금도 유지하고 있는 것은 다름 아닌 자신이라는 것이다. 그 점을 깨달으면 스스로가 그렇지 않은 생각으로 바꾸면 되는 것이다.

예를 들어, '이런 일을 당한 이상, 내가 주눅 든 사람이 되는 것은 당연하다'라고 생각하는 사람이 있다고 해보자. 사실을 보자면 더 심한 상황에 있어도 주눅 들지 않는 사람이 있는 것이다. 그래서 '어떤 상황을 겪으면 반드시 주눅이 들어야 한다'라든지, '반드시 공격적이 되어야 한다'라든가 하는 그런 법칙은 이 세상에 없다.

그래서 '부모는 다정해야 한다'는 비논리적 사고를 하지 않고 '부모는 자상한 부모가 바람직하다. 아쉽게도 우리 부모는 안 그랬는데'라고 생각하면 원망이 아니라 아쉬움으로 바뀌는 것이다.

"생각해보면 부모님에게도 그럴 만한 사정이 있었구나. 그 일에 내가 언제까지나 묶여있을 수는 없겠지. 묶여 있으면 손해 보는 것은 나다. 부모를 원망하는 김에 세상을 다 원망할 필요는 없다. 세상에는 부모보다 상냥한 사람이 많이 있고, 부모보다 더 심한 사람도 많이 있고… 그래서 나는 어떤 사람과 사귀고 싶은 걸까? 나는 어떻게 되고 싶은 걸까? 어떻게 되는 것이 내가 행복해지는 것일까? 계속 주눅 들고, 계속 원망하고, 계속 상처받고 있으면 나만 불행하다. …"라고 논리적으로 생각해볼 수가 있다. 이런 식으로 합리적 정서행동치료는 다소 극단적이라고 할 정도로 '트라우마 이론'을 부정하고 있다.

트라우마 이론을 말하기 시작한 것은 프로이트다. 그 영향을 받은 많은 심리학과 심리치료 학파는 이를 상당히 채택하고 있는 것 같지만, 그것에 비해 합리적 정서행동치료가 철저하게 희망적이고 유효성이 높다고 생각하는 것은 트라우마 이론을 훌륭할 정도로 부정한다는 점이다. 상처받을지, 상처받지 않을지, 그것이 언제까지 남을지, 어떨지는 본인이 정하고 결정하는 것이라고 생각한다.

요즘 화제가 되고 있는 것 가운데 '어덜트 칠드런adult children'이 있다. 이런 부모였기 때문에 나는 이런 아이가 되었고, 그러한 아이의 상태를 지금도 끌고 다닌다는 일종의 트라우마 이론이라고 할 수 있다. 합리적 정서행동치료는 양육되는 방법이 성격과 인격에 영향을 주고는 있지만, 과거를 지금도 의식적·무의식적으로 끌고 있는 것은 당신 자신이며, 그런 의미에서 책임은 당신에게 있다고 말한다.

순서를 바꿔서 합리적 정서행동치료의 기본적인 통찰의 네 번째로 "유아기 체험이나 과거의 조건이 자신의 심리적인 혼란의 근본 원인이 아니다.

자신이 자기 자신을 혼란시키고 있는 것이다"라는 것이 있다.

스스로 자신을 혼란스럽게 하고 있으므로 그것은 자신의 책임이라고 하면, 약간 답답하게 들릴지도 모르지만, 그것은 동시에 자신이 하고 있는 일이라면 스스로 그만둘 수 있는 것이기도 한 것이다. 변하기 위해서 일정한 훈련은 필요하지만 바꾸고 싶다면 바꿀 수 있다. 왜냐하면 그 상처받을 만한 사고방식에 매여 있는 것은 자신이기 때문에 자신이 집착하는 것을 그만두면 된다. 수십 년을 끌어오고 있어도 그만두고 싶다면 오늘부터라도 그만둘 수 있다는 것이다.

합리적 정서행동치료는 이러한 사고방식을 말한다. 게다가 합리적 정서행동치료는 실효성이 있다는 점에서 대단하다고 생각한다. 즉, 지금 내 마음의 문제의 원인은 트라우마라고 생각했던 사람에게 "트라우마인지, 아닌지는 자신이 결정하고 있지 않을까요? 사실 당신 부모보다 더 몹쓸 짓을 한 부모 밑에서 자랐어도 잘 자라는 사람도 있거든요"라고 보여주는 것이다.

게다가 자기 자신에게 스스로 상처를 입힐 수 있는 비합리적 신념을 한 걸음 한 걸음 서서히 체계적으로 바꾸어 가는 순서를 가지고 있는 것이 합리적 정서행동치료의 힘이다.

"상처받은 마음속에는, 예를 들어 '그런 짓을 한 부모는 절대 용서하면 안 돼'라는 생각이 있지요. 하지만 '절대로 용서해서는 안 된다'라고 하는 것은 합리적인 사고방식일까? 신이 아닌 인간에게 절대라는 것이 있을까? '한 번이라도 잘못을 저지른 인간은 영원히 용서받지 않아야 한다'라는 우주법칙이라도 있을까? 없겠지? 그렇다면 어째서 너의 부모만 아이를 키우는 데 실패했다고 해서 절대 용서받으면 안 된다는 것이 되어버리는 거지? 자식을 키우는 데 실패한 세상의 부모는 모두 원망을 받고 엄하게 처벌받고 있는 현실이 있을까? 그것보다는 그렇게 생각하는 것으로 인해서 무엇보다 당신은 행복한가? 앞으로 좋은 마음으로 살 수 있을까?"라고 하는 방식으로 하나하나씩 풀어나가는 기법과 순서가 있는 것이다.

하지만 역시 자기 혼자서 이런 마음의 정리를 하는 것은 상당히 어렵다. 비합리적인 사고는 하나의 시스템을 이루고 있기 때문에 악순환을 계속하는 경향이 있다. 그러므로 거기에 치료사가 개입하지 않으면 안 된다. 즉, 지시적인 것이다. 본인의 생각의 악순환을 너무 존중하여 악순환하면서도 그러다가 자신이 알아차리기를 기다리고 있는 식이라면, 말하자면 날이 저물어버린다.

그래서 "그 사고방식은 우선 당신을 행복하게 하지 않습니다. 그리고 논리성이 없어요. 당신도 주위 사람도 아무도 행복하게 하지 않아요. 그러니까 그만두는 편이 좋지 않을까요?"라고 분명하게 지적하고 방향을 잡아간다.

"당신의 느낌을 존중합니다. 그렇습니까? 그렇게 느끼고 있군요"라는 접근만이 아니고, 물론 일단 존중은 합니다만, "하지만 그대로라면 당신도 불행하고, 주위도 불행하고, 아무도 이득을 보는 사람이 없습니다. 그래도 계속하고 싶습니까?"라고 적극적으로 질문을 하고 반론해간다.

그러나 비합리적 신념의 경직도가 높은 사람은, 예를 들어 "음, 선생님이 하는 말은 이치는 알지만, 마음이 허락하지 않아요"라고 말하기도 한다. 그것에 대해서는 "좋아요. 마음이 허락하지 않는 것은 그대로 두고, 이치만 먼저 납득하세요. 이치를 확실히 납득할 수 있으면 마음이 달라지니까요. 마음을 먼저 바꾸지 말고, 마음은 변하지 않아도 되니까 사고방식을 바꿔

봅시다"라는 식으로 대응한다.

그러나 그러한 경우는 얼핏 알고 있는 것이다. "알고는 있을게요"라고 하면 마음은 변하지 않은 것이다. 거기서 "생각이 아니고, 이치로서 철저하게 납득할 수 있었는지 어떤지 확인해보자"라고 계속해간다. 그리고 철저하게 납득이 되면 이상할 정도로 감정이 달라진다.

그러한 의미에서 자주 "이론이 아니다, 마음이다"라고 말하지만, 이치라고 할까, 자신의 마음 깊은 곳에 배어 있는 사고방식은 매우 중요하다. '신념belief'이라고 표현하듯이, 신념과 확신은 마음 깊은 곳에 스며들어 무의식화하고 있기 때문에 보통 사람은 마치 자연스러운 것처럼 생각하고, 바꿀 수 없다고 생각하기 쉽다. 하지만 합리적 정서행동치료는 "그것은 알아차리면 바꿀 수 있다. 먼저 알아차리고 나서 순서를 밟으면 바꿀 수 있다. 바꾸면 본인에게 도움이 된다. 주위에도 도움이 된다. 그렇다면 바꾸는 게 좋지 않을까?"라는 식으로 적극적으로 작용하는 것이다.

10) 노력과 훈련을 반복하면 스스로 개선할 수 있다

합리적 정서행동치료의 기본적 통찰 세 번째는 "감정적으로 혼란스럽기 쉬운 내 성격을 바꿀 마법 같은 방법은 없다. 설령 자기 마음을 어지럽히고 자신을 비참하게 만드는 것은 자기라고 분명히 자각하더라도 노력과 연습이 없으면 자기변용은 생기지 않는다. 스스로 자기 불행의 원천인 비합리적인 생각을 바꾸거나, 설령 불쾌하더라도 그것에 반하는 행동을 해보는 노력과 연습을 거듭하지 않는 한 자기개선은 실현되지 않는다"라는 것이다.

이것도 또한 바로 '논리적'이다. 우리 인간은 종종 비논리적인 사고를 함으로써 스스로 비참하게 만드는 경향이 있다. 그러나 그것은 논리적인 사고를 다시 선택함으로써 바꿀 수 있다. 하지만 동시에 아주 쉽게 자신을 바꿀 수 있는 '마법 같은 방법은 없다'는 것이다.

'자신의 마음을 어지럽혀, 자신을 비참하게 하고 있는 것은 자신이라고 분명히 자각'하는 것만으로도 마음이 꽤 가벼워지는 경우가 많다. 그렇다고 해도 역시 '노력이 없으면 자기변용은 생기지 않는다'는 것이다.

"스스로 자기 불행의 원천인 비합리적인 생각을 바꾸거나, 설령 불쾌하더라도 그것에 반하는 행동을 해보는 노력과 연습을 거듭하지 않는 한은 자기개선은 실현되지 않는다"고 한다. 이것을 긍정적으로 바꾸어 말하면 노력과 연습을 거듭하면 자기개선이 된다는 것이다.

이렇게 보면 합리적 정서행동치료가 초점을 두고 있는 마음의 수준은, 요컨대 자아의 확립에서부터 자기실현의 단계라는 것을 알 수 있다. 특히 자신의 부정적 감정을 남 탓이나 상황 탓으로 돌리지 않고 스스로 책임지는 것을 목표로 하고 있다. 바로 자아의 확립이다. 스스로 책임진다는 것은 살아가는 것에 대해 스스로 책임질 수 있는 성숙한 자아가 되는 것이다.

이것은 합리적 정서행동치료를 전개하면서 종종 내가 하는 말이지만, 책임에 해당하는 영어의 'responsibility'라는 말은 어원적으로 'response + ability'다. 그러니까 상황에 대응하고 대처하는 능력이라는 의미에서 능동적인 대응 능력, 즉 의지적이고 자유로운 선택의 능력을 확립하는 것이며 책임을 질 수 있게 되는 것이 자아확립의 매우 중요한 요소인 것이다.

상황이나 타인에게 좌우되고 있는 것은 요컨대 미숙한 자아 상태다. 상황이 어떻든, 남이 어떻든 나는 나라는 식으로 잘 살아갈 수 있게 되는 것이 자아의 확립인 것이다. 제대로 살아갈 수 있다는 것은 우선 스스로 자신을 행복하게 할 수 있다는 것이다. 그리고 주위 사람도 행복하게 만드는 능력이 있다는 것이다. 일단 자신이 자신의 장점이나 행복을 생각할 수 있는 것이다.

즉, 합리적 정서행동치료는 인간에게는 자유로운 의사 선택 능력을 키울 힘이 있어서 아무리 힘든 체험을 해도 그로부터 자유로울 수 있고, 과거로부터 자유로워져 미래로 향하는 능력을 발달시킬 수 있다고 생각한다. 굉장히 희망적인 인간관이다. 게다가 실제 임상 효과에 의해서 실증하고 재검증할 수 있다는 점도 뛰어나다고 생각한다.

그런데 이런 사고방식을 발달이론을 고려하지 않고 보면, '먼저 자기의 행복을 생각하다니, 그건 이기적이다'라는 평가를 할 수 있다. 그러나 그러한 평가를 하고 느닷없이 타인의 행복을 위하고 윤리적으로 강요해도, 대체적으로 지도받는 쪽은 실행할 수 없고 지도하고 있는 본인도, 소수의 예외를 제외하고는 할 수 없을 것이다. 그렇게 되면 지도자가 표면상의 명분밖에 말할 수 없게 되는 것이다.

그것에 대해서 합리적 정서행동치료적인 접근을 사용하면 다음과 같은 지도가 가능하다고 생각한다.

"저는 우선 제 자신을 행복하게 만들고 싶어요. 하지만 자신이 행복해지는 데 자신의 주변 사람도 행복하지 않으면, 자신이 행복해지는 데 방해가 되기 때문에, 주변 사람들도 행복해지기를 바랍니다. 더욱이 주위 사람을 행복하게 할 수 있으면, 스스로에게 자부심을 가질 수 있기 때문에 스스로도 기분이 좋아질 테니까요. 그러므로 다른 사람을 위해서 자기희생을 하자는 게 아니라 우선 내가 행복해지기 위해서라도 다른 사람과 함께 행복해지는 것이 더 행복할 수 있다고 생각하는데, 어떻게 생각하세요?"

이런 식으로 지도하면 매우 순조롭게 되어간다. 어쨌든 우선 자신을 행복하게 하고 그러고 나서 타인도 역시 행복하게 할 수 있는 그러한 건전한 적응적인 자아를 기른다. 그러기 위해서는 적응적이라는 것이 어떤 것인지를 지도하면서 제대로 생각할 수 있는 사고방식, 즉 합리적 신념을 확립해 달라고 하는 것이다.

11) 합리적 정서행동치료의 기본적 통찰과 '자리이타'

이상이 우선 합리적 정서행동치료의 세 가지 기본적 통찰이며, 이야기의 흐름상 네 번째도 소개했지만, 이것은 지금까지 말한 것처럼 유식불교와 매우 잘 연결될 수 있다고 생각한다.

대승불교의 좌우명으로 '자리이타自利利他'라는 말이 있다. 이것이 아주 잘 만들어진 말이라고 생각하는데, 먼저 자리가 있고, 그다음에 이타가 있다고 하는 순서 때문이다.

예를 들면, 도겐道元은 "자미득도自未得度, 선도타先度他, 즉 자신은 아직 구원받지 못했지만 먼저 남을 구한다"라고 하는 매우 아름다운 말을 하지만, 그 이상理想은 너무 높아서 대부분의 사람은 실행할 수 없다. 애당초 자신이 구원받지 못하는 그러한 실력 부족의 인간이 어떻게 타인을 구할 수 있는가 하는 문제는 종교적 의의와 해석은 별개라고 하더라도, 이러한 발상으로는 해결되지 않는다.

그게 아니라 보통의 이치로는 자기 실력으로 자신을 충분히 행복하게 할 수 있는 사람이 여력으로 다른 사람도 행복하게 해줄 수 있지 않을까 하는 것이다. 실력이 상당하지 않으면 좀처럼 남을 행복하게 만들어줄 수 없다. 무리를 하면 오히려 함께 사라지기도 한다. "힘없는 보살 구하려다 오히려 물에 빠진다"라는 말이 있는 그대로다.

대승불교의 발상이 뛰어나다고 생각하는 것은 재산이나 지위를 가진다는 것을 부정하지 않는다는 점이다. 이를테면 『유마경』의 주인공인 유마힐, 즉 유마거사가 대표적이다. 많이 갖고 있기 때문에 많이 베풀 수 있는 것이다.

자신이 죽을 정도로 가난하면 베푸는 것이 어렵고, 또 굳이 약간의 시주를 베풀고 죽는다면, 행위는 언뜻 아름답지만 거기서 끝이다. 그 이후로 더 이상 베풀 수 없다. 많이 가짐으로써 오랫동안 지속적으로 베풀 수 있는 것이 베풂을 받는 쪽의 중생에게도 고마운 일이다. 그런 의미에서 자신을 풍요롭고 행복하게 만드는 것을 가장 먼저 하는 것은 대승불교의 길과 어긋나지 않는다고 생각한다.

예를 들면, 법륭사法隆寺의 옥충주자玉虫廚子에 있는 것과 같은 '사신사호捨身飼虎', 즉 자기 몸을 희생하여 호랑이를 먹인다는 자기희생적인 정신이 대승불교의 정신이라고 하는 이미지가 강하지만, 솔직한 내 생각으로는 그것은 지나친 것이며, 대부분의 사람이 할 수 없는 이상이다. 그 불가능한 이상을 이상으로써 계속 고집하기보다는 할 수 있는 일을 다른 사람을 위해서도, 자신을 위해서도 하는 편이 훨씬 현대의 보살도菩薩道와 불도佛道가 될 것으로 생각한다.

그러한 자기희생을 지향하는 것은 역사적으로 말하면 나름대로의 이유가 있어서 나온 것이고, 나름대로의 의미도 있었다고 생각한다. 요컨대 이기주의에 너무 빠져 있는 인간이 너무나 많은 것에 대한, 말하자면 반대명제antithese로서 그런 것이 나올 수밖에 없었던 역사적인 상황이 있다고 생각한다. 그러나 지금은 더 이상 그런 식의 안티테제antithese를 세움으로써 균형을 잡는 시대가 아니게 되었다고 생각한다.

더욱이 내가 보기에 '버리는 목숨은 원래 누군가의 목숨이다'라는 물음이 있다. 자신의 생명이라고 생각하기 때문에 버려도 좋다고 생각하는 것이 아닐 것이다. 하지만 하늘이 내린 생명이라고 생각한다면 자신이 함부로 결정해서 버릴 리가 없다. 자기희생은 자칫 잘못하면 대단한 오만이 될 수 있다고 생각한다. 하늘이 내린 목숨을 자신의 숭고한 종교 감정으로 인해서 져버리게 되는 것이다. 하지만 그 버리는 것은 정말 하늘의 뜻인가, 아닌가 묻고서 하는 것인지 하는 문제이다.

이야기를 되돌리면 '자리이타'라고 하는 것처럼 자리自利가 먼저 있기 때문에 이타利他가 생기는 것이 아닐까? 대승불교는 이런 좌우명에 도달하기까지 여러 가지를 모색해왔다고 생각한다. 아무래도 오로지 자기희생적이고 자기부정적인 방식에는 무리가 있다. 어딘가 이상하다고 생각하는 가운데, 인간상으로서는 예를 들면 유마힐 같은 거사를 그려본다거나, '번뇌즉보리'라는 좌우명을 주창해본다든지 하는 모색을 해 온 것이라고 생각한다. 단순한 금욕주의라든지 자기희생이라고 하는 것이 아니라, 자신도 살리고, 다른 사람도 서로 살리는 그러한 방식이 있을 것이다.

그 모색에 현대의 합리적 정서행동치료적인 통찰을 더하면 먼저 자신을 행복하게 하고, 타인도 행복하게 하는 것이 매우 자연스럽고 무리가 없는 방식이라는 것을 알 수 있다. 게다가 자신을 행복하게 하는 것 자체가 다른 사람을 행복하게 하는 것과 함께 하지 않으면 잘 되지 않는다. 왜냐하면 자신의 행복 중 하나의 큰 조건이 다른 사람으로부터 인정받는 것인데, 제멋대로 하고 있다면 인정받을 리가 없기 때문이다. 사람들로부터 미움을 받고 고립되어간다.

보통의 일상생활에서 상냥하고, 착하고, 잘 봐주면서 주변 사람을 즐겁고 행복하게 할 수 있는 사람일수록 주변 사람으로부터 사랑받고, 존경받고, 본인도 행복해질 수 있다. 이는 현실과 매우 일치하고 있다는 의미에서 논리적이고 합리적이다.

그러므로 자신이 살아남을 것인가? 또는 다른 사람이 살아남을 것인가? 하는 어려운 선택을 강요당하는 특수한 비상사태가 아닌 한 타인을 행복하게 하는 것과 자신을 행복하게 하는 것은 그렇게 모순되는 일이 아니라고 생각한다. 자리와 이타는 일상생활에서 순환하는 것이지 상반되는 일이 전혀 아니다.

비상시에 남을 위해 희생하는 고매한 이상을 이야기하기에 앞서 일상에서 나와 내 주변 사람이 행복의 균형을 잘 잡을 수 있도록 지도하는 것이 보살의 현대적 방편이라는 생각이 든다. 그리고 이러한 생각은 매우 효용성이 높다고 생각한다.

12) '~해야 한다'라는 사고를 찾아서 논파하다 - ABCD 이론

앞에서 이야기한 기본적인 통찰에 이어서 다음과 같이 보충할 수 있다.

"자기 마음을 어지럽히고 있는 비합리적인 신념을 찾기 위해서 자신의 내면에 어떠한 '~해야 한다', '~해야만 한다'는 것이 있는가를 확인한다. 똘똘 뭉쳐 굳어버린 '~해야 한다', '~해야만 한다'라는 생각을 발견한다. 합리적 정서행동치료를 사용하면 그것을 빠르게 찾을 수 있고, 거기에 필사적으로 매달리느라 자신을 필요 이상으로 비참하게 만들고 있음을 알 수 있다. 다만 자신을 속이지 않고 응시하면 알 수 있다"라는 것이다. 그리고 단지 바라보고 찾기만 하는 게 아니다.

"우선 자신의 비합리적인 '~해야 한다'라고 하는 생각이 자신을 심리적으로 혼란시킨다는 것을 확실히 인식하는 것 그리고 깨닫는 것만으로 그것은 없어지지 않는다는 것을 인식하고, 합리적 정서행동치료가 제안하는 다양한 방법을 사용하여 그 확신과 싸운다. 특히 적극적으로 확신에 반론하고 철저하게 논파해버리는 것"이라고 하는 매우 적극적인 대책을 세워가는 것이다.

합리적 정서행동치료는 최종적으로 내담자가 스스로 반론하고 논파하는 작업을 할 수 있게 하는 것을 목표로 하고 있으며, 치료자는 그것을 할 수 있도록 적극적이고 능동적으로 교육과 원조를 해나가는 것이다.

그런 의미에서 합리적 정서행동치료는 매우 적극적이고 때로는 공격적일 정도로 적극적인 심리치료라고 할 수 있다. 비합리적이고 불건전한 신념과 확신을 철저하게 논파하는 dispute 것이 치료의 중요한 방법이 되고 있는 것이다. 이것을 ABC에 더해서 ABCD 이론이라고 한다.

예를 들어, 전형적인 확신의 첫 번째로는 "나는 어떤 일이 있어도 훌륭하게 해내야 해. 나는 나에게 소중한 사람한테는 절대적으로 인정받아야 된다. 그렇지 않으면 나는 사회적으로 쓸모없는 사람이다"라고 하는 것이 있었지만, 거기에 대해서 다음과 같이 반박하고 논파해가는 것이다.

"무슨 일이 있어도 절대적으로 훌륭하게 해야 한다는 근거는 어디에 있을까요?"

"그런 게 어디 적혀 있을까요? 그런 법이나 우주의 법칙이라도 있나요? 스스로 그렇게 믿고 계시는 것뿐이 아닐까요? 인간은 불완전한 존재이므로 훌륭하게 할 수 있는 것도 있고, 안 되는 것도 당연하죠."

"실패하면 정말 최악인가요? 확실히 기쁘지는 않지만 더 나쁜 일도 얼마든지 있을 수 있으므로 이건 최악이라고 할 수 없지 않을까요? 더 정확하게 표현하면 상당히 어렵다는 거죠."

"실패하면 끝인가요? 세상도 세계도 전혀 끝나지 않았잖아요? 다시 시도하는 것은 몇 번이라도 가능하지 않습니까?"

"실패하면 정말 견딜 수 없는 것입니까? 견딜 수 없다는 증거가 어디 있습니까? 조금 실패한 정도로는 죽거나 하지 않고, 실제로는 견디고 있잖아요? 상당히 힘들지만 그래도 견딜 수 있다는 것이 사실입니다."

"왜 소중한 사람에게는 무조건 인정받아야 하죠? 확실히 인정을 받으면 좋겠지만, 그렇다고 무조건 인정받아야 하는 것은 아니잖아요? 자신이 소중하다고 생각한다고 해서 상대방이 이쪽을 중요하다고 생각한다는 보장이나 법칙이 있는 걸까요? 안타깝게도 그런 우주법칙도, 절대적인 보증도 없어요."

"인정받지 못하면 살 수 없고 이제 평생 행복할 수 없나요? 그런대로 살아갈 수 있고 그럭저럭 행복해지는 방법은 또한 여러 가지가 있지 않을까요?"

"중요한 사람에게 인정받지 못한다면 당신은 정말로 사회적으로 쓸모없는 사람이 되는 건가요?"

"누군가에게 인정받지 못했다고 해서 왜 그걸로 당신의 모든 것이 쓸모없다고 평가받습니까? 그 사람 이외에도 당신을 인정해주는 사람은 있고, 다른 사람이 인정해주지 않는다고 해도 당신 안에 좋은 점도 있으므로 절대안 될 사람이라고 단정할 수는 없지 않을까요? 당신은 인정받는 것도 있고, 인정받지 못하는 것도 있고, 좋은 점도 있고, 나쁜 점도 있는 지극히 보통의 인간다운 인간이지, 마냥 나쁜 인간은 아니라고 생각해요."

전형적인 확신의 두 번째로 거론한 "당신은 어떤 경우에도 나를 공평하고 배려 있게 다루어야 한다. 나에게 불만을 느끼게 해서는 안 된다. 그렇지 않다면 당신은 어쩔 수 없는 인간인 것이다"라고 말하는 비합리적인 신념에 대해서는 다음과 같이 반론하고 논파해 나간다.

"왜, 어떤 경우라도 당신을 공평하고 배려 있게 다뤄야 하는 거죠?"

"어떤 경우라도 인간은 반드시 공평하고 배려 있게 베풀어야 한다는 우주법칙이라도 있는 건가요? 어딘가에 그런 것이 써 있습니까? 그런 법률이 있을까요? 유감스럽게도 없습니다. 당신이 그렇게 생각하는 기분은 잘 알지만, 그것은 당신이 '그러면 좋겠다'고 생각하는 것이지 '해야 한다'라는 것은 아니잖아요."

"어째서 당신에게 불만을 느끼게 해서는 안 되죠?"

"당신은 절대적인 권력과 특권을 가진 왕이고, 주위 사람들은 절대 복종

하는 하인인가요? 그렇다면 좋을지 모르겠지만, 주위 사람들에게도 사정이 있고 당신이 원하는 대로 행동하지 않을 수도 있는 것이 자연스럽지 않을까요?"

"당신에게 배려심 없이 행동했다고 해서 그 사람이 구석구석까지 어쩔 수 없는 인간이라고 어떻게 말할 수 있죠? 당신 이외의 타인에게 상냥한 행동을 하고 있을 수도 있고, 그렇지 않다 하더라도 인간은 언제나 남을 공정하고 배려 있게 대할 수 없는 불완전한 존재 아닐까요? 나도 당신도."

그리고 전형적인 확신의 세 번째인 "인생은 내가 원하는 것을 줘야 한다. 나에게 어떤 해를 입혀서도 안 된다. 그렇지 않으면 인생은 견딜 수 없는 것이고, 전혀 행복할 수 없는 것이다"라고 하는 비합리적 신념이라면 이렇게 할 것이다.

"인생이 자신이 원하는 것을 주어야 한다는 생각에는 어떤 근거가 있을까요? 확실하게 그렇다면 좋겠다고 저도 생각합니다만 그것은 어디에 써 있는 보증인가요? 누군가가 그런 보증을 서주고 있는 것인가요? 보증이 있다면 실제로 여러 가지 싫은 일이 있는 이상은 그 보증이 있어도 무효가 된다는 거죠."

"뜻대로 안 되는 여러 가지 일도 많지만 그렇다고 인생이 견딜 수 없는 것인가요? 노력해서 원하는 대로 할 수 있는 일도 조금은 있고, 조금이라도 있으면 소소한 행복이나 즐거움이 있을 수 있지 않을까요?"

지면 관계상 더 이상 자세한 반론과 논파 방법을 소개할 수 없기 때문에 다른 합리적 정서행동치료 입문서에 양보하고자 하지만, 여기에서 바로 '합리적 정서행동치료'라고 느낄 수 있었을 것이다.

이런 식으로 "언제나 성공해야 한다. 실패하면 최악이다, 끝장이다, 견딜수 없다, 못 살겠다, 다시는 행복할 수 없어. …" 같은 믿음이 논파되고, 그러고 나서 해방되면 놀라울 정도로 마음이 가벼워진다. 그런 것으로 마음이 가벼워진다고 하지만, 실제로 해보기 전까지는 실감이 안 나겠지만, 내가 직접 실행해보고 놀랄 만한 효과가 있었다. 합리적 정서행동치료적으로 정확하게 말하면 효과가 있는 경우가 많다고 해도, 효과가 없는 경우도 있다.

엘리스 자신이 말하고 있는 것처럼 물론 합리적 정서행동치료가 만능은 아니다. '이치를 싫어하는' 전통적인 타입의 일본인에게 적합하지 않은 경우도 있다. 또한 문장으로는 다 표현할 수 없지만, 일본인은 논의에 관해서 미국인만큼 직설적이고 동시에 개방적이지 않기 때문에 미국에서 실시하는 경우와 다르게 일본에서 실시하는 경우에는 접근 방법, 이야기하는 방식의 뉘앙스를 상당히 부드럽게 할 필요가 있다고 생각한다.

특히 일본인은 자신과 자신의 사고방식을 일체시하고 있어 구별할 수 없는 사람이 많은 것 같고, 자신의 의견이 비판·부정되는 것을 자기 자신이 비판·부정되는 것같이 느끼므로, 상당히 능숙하고 부드럽게 접근하지 않으면, 합리적 정서행동치료의 방법을 자신에 대한 공격으로 오해하는 사람도 있다. 그런 의미에서 적용에는 신중함도 필요하다고 생각한다.

13) 비합리적 신념에 반대되는 행동을 하다

지금까지 배운 대로 합리적 정서행동치료는 우선 내 안에 잠재해 있는 비합리적이고 불건전한 신념을 발견하는 것부터 시작한다. 그리고 그 신념을 잘 검토해서 그것이 적절한지, 건전한지 여부에 대해 합리적인 근거가 있는지 따져보고, 비합리적이라면 철저히 재검토하여 반론하고 논파하여 바꿔나가야 한다. 그게 가장 중요한 포인트다.

일본어로 하면 '논리요법'이기 때문에 더 오해를 받기는 하지만 영어로도 'rational'이므로 오로지 인간의 합리적이고 논리적인 인지의 측면만을 다룬다는 오해를 받아왔다.

그러나 엘리스의 합리적 정서행동치료에서는 인간 인성의 세 가지 주요한 측면으로, 감정과 사고와 행동이라고 하는 세 가지 요소를 들고 있다. 그리고 주로 사고부터 바꾸려고 하고 있지만 그것이 감정이나 행동을 무시한다든가 또는 사용하지 않는다는 것은 아니라고 말하고 있다.

인간이 불건전한 부정적 감정이나 심리적 혼란에 빠지는 데 역시 사고방식이 압도적인 영향을 주므로 우선 그것부터 다룬 것이다. 하지만 그것은 감정이나 행동이라는 다른 측면이 작용하지 않아도 된다든가 그러한 방법을 안 쓰겠다는 것이 아니다. 이번에는 반대로 특히 행동을 바꿈으로써 생각이나 감정을 바꾸어간다는 방식도 포함하고 있다.

기본적인 통찰로서는 "나는 비합리적인 생각에 반대되는 행동을 함으로써 비합리적인 생각을 바꿀 수 있다. 그래서 비합리적인 믿음과 모순되는 행동을 하는 것이다"라고 말하는 것이다.

예를 들면, 여성과 말을 하는 것조차 자주 긴장해버리고, 하물며 데이트를 신청하는 등의 일은 전혀 할 수 없다고 하는 젊은 남성이 있다. 요즘 세상에 그런 일은 없다고 생각하겠지만, 지금도 그런 젊은이가 꽤 있다. 의외로 다들 수줍음이 많다. 애인이 있었으면 좋겠는데, 말도 걸 수 없다.

그런 젊은이들의 마음속에는 '여자에게 말을 걸었다가 거절당하면 창피하다'. 요컨대 '나는 망신을 당해서는 안 된다'라는 비합리적 신념이 있을 것으로 생각된다. '나는 그런 꼴사나운 짓을 하면 안 돼', '어쩌면 여자들이 나를 이상한 사람이라고 생각할지 모른다. 나는 이상한 사람이라고 생각되어서는 안 된다', '말을 건 여자 전부에게서 OK를 받아야 한다' 등이라고 생각하고 있는 것이다.

합리적 정서행동치료에는 그러한 젊은이에게는 가능한 한 많은 여자에게 말을 걸고, 거절당하는 과제를 주기도 한다. 실제로 많은 여자에게 거절당하면, 점차 '말을 걸어 거절당하고, 그래서 망신을 당한다고 죽는 것은 아니고, 어떻게 되는 것도 아니다'라고 하는 식으로 아무렇지도 않게 된다. 그리고 그중 한두 명 데이트를 해주는 여성도 나온다.

그런 식으로 내 마음속에 있는 '그렇게 해서는 안 된다'라든지 '이렇게 해야 한다'라는 비합리적인 신념과 어긋나는 행동들을 일부러 해보는 것을 권한다. 그리고 '그래서 특별히 세상의 종말이 되지 않으면 죽지도 않는다'라는 것을 체험하다 보면, '아, 그런대로 괜찮다'라는 식으로 되어가는 것 같다.

엘리스 자신이 예전에 사람들 앞에서 말을 잘 못했다고 한다. 그래서 남들 앞에서 정치에 대해서 이야기하는 것을 자기에게 시키고, 서툴더라도 뭐든 자꾸 이야기를 하다 보니 점점 재미있어져서 점차 강연에 능숙해지게 되었다. 지금은 강연을 아주 잘하는 사람으로 알려져 있다.

또 예를 들면, 가벼운 대인공포로 인해서 모르는 사람이 모여 있는 곳에 가는 것이 너무 어려운 사람의 경우 이러한 대화를 한다.

"모르는 사람 사이로 가는 것이 몹시 불편하시군요. 그래서 사람이 모이는 곳에 전혀 가지 않나요?"

"꼭 필요할 때는 갑니다."

"필요한 때 가서 지금까지 실신해본 적 있나요?"

"아니, 없습니다."

"실신하지 않는 이상 죽을 일은 없고, 살아 있으니까 여기 온 것이고 죽지는 않았죠. 분명히 사람들 앞에 나서는 걸 좋아하지 않을 수는 있지만, 나갈 수 없는 것은 아닐 겁니다."

"나갈 수 있어요. 어떻게든 나갈 수 있어요."

"그럼, 이제부터 자꾸 나가 보세요. 그리고 강연회같이 주변 사람들을 아무도 모르는 곳에 가서 자리에 앉으면 좌우 사람에게 말을 걸어보세요. '죄송합니다. 이 강연회를 어떻게 아셨어요?' 하고 물어보면 같은 강연회에 와 있기 때문에 한두 마디는 대답을 해줍니다. 그렇게 질문을 받고 '그런 걸 네가 알 게 뭐냐!'라고 대답하는 사람은 거의 없을 겁니다. 자신이 사람들 모이는 곳에 나가는 것이 너무 서툴러서 사람들을 잘 못 사귄다는 생각 속에는 '망신을 당하면 안 된다'라는 사고방식이 있는 것이에요. 하지만 망신을 당하지 말라는 법률도 없고, 달리 죽지도 않을 테니 자꾸 망신을 당해보십시오"라고 지도한다. 그리고 그것을 실행하게 되면 점점 사람 속으로 들어갈 수 있게 된다.

독자들도 그런 비합리적 신념으로부터 오고 있다고 생각되는 문제가 있다면, 꼭 그것에 어긋나는 행동을 일부러 해보면 좋을 것 같다. 우선 자신 안의 비합리적인 확신을 찾아내서 그것을 논박해놓고 실제로 그것에 어긋나는 행동을 해보는 것이다.

합리적 정서행동치료에는 이러한 방법 이외에도 굉장히 다양한 기법들이 있다. 여기까지 소개하면 이 책의 예정 페이지를 훨씬 초과하게 되므로 다른 참고도서를 참고하면 좋을 것 같다.

14) 퇴보에 대한 대처

이상으로 합리적 정서행동치료의 대략적인 소개는 거의 끝났지만, 마지막으로 합리적 정서행동치료에 대해 내가 마음에 들어 하는 포인트를 하나만 더 소개하도록 하겠다. 그것은 "일단 감정적 혼란을 극복하더라도 퇴보는 있는 것이며, 아니라면 그것은 기적이다. 퇴보하면 합리적 정서행동치료의 기초로 돌아가 반복해서 도전하는 것이다"라는 기본적인 통찰 중 하나다.

마음의 문제는 일단 나아져도 퇴보는 있게 마련이라는 것은 매우 정확한 인간 인식이다. 그리고 그것에 대처하는 힌트가 미리 잘 정비되어 있다고 생각한다.

마음의 성장이라는 것은 유감스럽게도 직선적으로는 갈 수 없다. "두 걸음 나아가서 한 걸음 물러난다"라든가, "세 걸음 나아가서 두 걸음 물러난다". 경우에 따라서는 "한 걸음 나아가서 두 걸음 물러난다"라는 말까지 있다. 그래도 몇 년이 지나고 차감 계산을 해보면 어느 정도 발전했구나 하는 성장 방식을 따르는 것은 거의 법칙성이라고 해도 좋을 정도다. 딱 한 번에 진보하는 일은 거의 없다고 생각하는 편이 좋을 것이다. 이것은 합리적 정서행동치료 수준, 즉 자아확립 수준, 자기실현 수준에서도 그렇고, 자기초월 수준에서도 그렇다. 어느 쪽이나 퇴보가 당연히 있다.

예를 들어, "유식공부를 시작하고 좌선도 하게 되면서 마음이 조금 편해졌다. 그런데 일상생활에서 이런 일이 있은 후 어느덧 공부한 것이 아무 소용이 없게 되었다. 역시 유식은 나에게 무리일까요?"라든가, "나는 좌선에 적합하지 않은 것일까요?"라고 하는 상담이 자주 있다. 하지만 그건 지극히 당연한 일이며, 모두 그것을 체험하고 있는 것이다. 일직선으로 성장했다는 사람을 만난 적이 없다. 나도 일직선이었던 적은 한 번도 없었다. 우여곡절이 꽤 있었다. 하지만 30년 전의 자신을 되돌아보면, 지금의 내가 인간으로서 어느 정도 성장하고 있다고 스스로 생각하고 있다.

엘리스의 합리적 정서행동치료에서는 퇴보가 있는 것은 당연하고, 없다면 그것은 기적이라고 한다. 그럴 때 예를 들면, '아, 합리적 정서행동치료를 공부해서 남에게까지 가르치고 있는데, 침울해진다면, 나는 남에게 가르칠 자격이 없다'라고 이중으로 빠져드는 것을 사람들은 자주 경험한다. 우울함에 빠져서 우울하다, 화를 낸 것에 화를 낸다, 불안해진 것 때문에 불안해지는 것이다.

합리적 정서행동치료는 그것을 제대로 파악하고 있고 그러한 침체를 극복하는 힌트까지 제대로 기술하고 있다. 그러한 점에서 합리적 정서행동치료는 인간의 마음을 실제로 잘 파악하고 있다고 생각한다.

'모처럼 공부해서 좀 발전한 줄 알았는데, 또 이렇게 되어버렸다. 난 역시 안 돼'라는 식으로 퇴보함으로써 이중으로 침울해진다는 것은 인간 성장의 과정에서 흔히 있는 함정이다. 그것에 대해 합리적 정서행동치료는 '그것은 당연'하므로, 그것으로 다시 우울해하는 바보짓을 하지 말고, 퇴보하면 단순하게 합리적 정서행동치료의 첫걸음으로 돌아가라고 한다.

일단 감정적인 혼란을 극복했다 하더라도 또는 극복한 것처럼 보일지라도 퇴보는 있게 마련이고, 없다면 그것이 오히려 이상할 정도이며 기적이다. 퇴보하면 어떻게 해야 하는가 하면, 퇴보하였다는 것에 또 매달려 끙끙대지 말고 합리적 정서행동치료의 첫걸음으로 돌아가서 반복해 도전하는 것이다.

이것은 좌선도 마찬가지다. 하는 중에 마음이 빗나가는 그런 경우 '아아, 또 빗나가고 말았다. 나는 집중력이 없구나. 나는 좌선에는 맞지 않는 것일까?'라고 생각해서는 더욱 집중할 수 없게 될 뿐이므로, 마음이 빗나가면 그냥 돌아간다. 그러면 그냥 돌아간다. 그것을 반복하고 있는 사이에 점점 흔들림이 적어지게 된다.

합리적 정서행동치료의 경우도 그렇고, 여러 번 반복해서 퇴보되지만 되돌아가는 것을 신경 쓰지 않고, 그때마다 거기서부터 다시 시작한다. 그것을 반복하다 보면 점점 비합리적 신념으로 스스로가 고민하게 되는 경우가 적어진다는 것이다. 그런 의미에서 마지막으로 세 가지 기본적인 통찰을 다시 한번 확인해보도록 하겠다.

통찰 ①

"인생의 난감한 사건들이 자신을 혼란스럽게 하는 것은 주로 자기 자신이다. 나의 느낌은 나의 사고방식에 크게 좌우된다. 불쾌한 일이나 실망스러운 일이 일어났을 때, 내가 의식적 또는 무의식적으로 합리적 신념, 즉 합리적 논리적 사고방식을 선택하면, 그 결과 슬프다거나 안타까운 감정이 들지만, 비합리적 신념, 즉 비합리적인 신념과 믿음을 선택하면 불안, 침울, 자기혐오라는 감정을 가져온다."

통찰 ②

"내가 언제 어떻게 비합리적인 신념과 습관을 획득했느냐에 관계없이 내가 지금 비합리적 신념을 고집하는 길을 택하고 있기 때문에 내가 지금 혼란스러운 것이다. 과거 또는 현재의 좋지 않은 환경들이 나에게 영향을 주고는 있지만, 그러나 그 나쁜 상황이 나를 혼란스럽게 하는 것은 아니다. 자신의 현재 인생관이 자신의 현재 고민의 원천인 것이다."

통찰 ③

"자신의 성격이나 자신을 혼란에 빠뜨리기 쉬운 경향을 바꾸는 마법 같은 방법은 없다. 자신을 바꾸는 노력과 연습이 있을 뿐이다. 나 자신의 노력과 연습밖에 없는 것이다."

이미 누차 언급했지만, 이러한 합리적 정서행동치료의 자기 성장의 길은 유식불교 수행의 길과 매우 매끄럽게 연결될 수 있으며, 인간으로 하여금 보살로 인도하는 현대의 방편으로 매우 뛰어난 것이라 평가할 수 있다고 생각한다.

4

심리적으로 건강한
인간과 보살

마지막으로 보충 차원에서 합리적 정서행동치료
에서 제시하는 심리적으로 건강한 인간의 정의와 유식에서 제시하는 보살
의 정의를 비교하기 위한 자료와 약간의 설명을 덧붙이겠다. 이미 본문에서
말했듯이 단순히 말하자면 이 두 인간관은 나란히 비교했을 때는 대립하는
것처럼 보일 수 있지만, 그렇지 않고 발달 단계로 본다면 부드럽게 연결되
어 통합할 수 있는 것으로 생각할 수 있다.

비교 자료로는 매우 다행스럽게 합리적 정서행동치료에는 '심리적 건강
의 13가지 기준'이라는 것이 있으며,[4] 유식의 대표적 고전인 『섭대승론』에

---

4   A. エリス 外, 『REBT入門』, 實務教育出版.

는 '보살의 32가지 특징'이라는 것이 있다.[5]

　이하 우선 두 가지를 들어 두겠으니 차분히 읽어보기 바란다. 둘 다 굉장히 논지가 명쾌한 글이기 때문에 나란히 읽음으로써 두 가지의 기본적인 차이점은 충분히 알 수 있다고 생각한다. 그리고 포인트가 될 것이라고 생각하는 부분에 대해서 필자가 조금 설명하도록 하겠다.

1) 합리적 정서행동치료에서 심리적 건강에 대한 13가지 기준

(1) 자기이익

　사려 깊고 심리적으로 건강한 사람은 먼저 자기 자신에게 관심을 갖고 타인보다 자신의 관심사를 조금 우선시한다. 그런 사람들은 소중한 사람을 위해 어느 정도 자기희생도 치르지만 모든 것을 내던지지는 않는다.

(2) 사회적 관심

　사회적 관심은 보통 이성적이며 자기 원조적이다. 왜냐하면 많은 사람이 사회집단이나 공동체에 참여하여 생활하고 즐기는 것을 선택하기 때문이다. 만일 도덕심을 갖고 행동하지 않거나 타인의 권리를 짓밟고 사회의 지속을 위해 협력하지 않는다면, 자신이 즐겁게 살 수 있는 세상을 자신의 손으로 만들어내기는 곤란하다.

5　羽矢辰夫, 岡野守也(1996), 『摂大乗論 現代語訳』, コスモス・ライブラリー.

(3) 자기지도

건강한 사람은 자신의 삶을 책임지려는 경향이 있으며 동시에 다른 사람들과 협력하는 것도 희망한다. 그런 사람들은 다른 사람들로부터 많은 도움을 필요로 하지 않으며 요구하지도 않는다.

(4) 욕구불만에 대한 내성이 높음

이성적인 사고를 가진 사람은 자기 자신과 타인에게도 잘못을 저지를 권리를 인정한다. 자신이나 타인의 행동을 몹시 싫어할 때조차 참을 수 없다고 생각하거나 불쾌한 행동을 비난하는 것을 삼간다. 심리적 혼란을 완화시키는 노력을 하면서도 성 프랜시스Francis나 라인홀드 니부어Reinhold Niebuhr의 방법에 따라 바꿀 수 있는 불쾌한 상태는 바꾸고, 바꿀 수 없는 것은 수용하여 그 두 가지의 차이를 이해하도록 한다.

(5) 유연성

건강하고 성숙한 사람은 사고방식이 유연하고 변화를 받아들이며 다른 사람을 보는 눈도 치우치지 않고 다면적이라고 하는 경향이 있다. 그런 사람들은 자신에게나 다른 사람에게나 엄격하고 유연성 없는 규칙을 만들지 않는다.

(6) 불확실성의 수용

건전한 사람은 우리가 사는 세계에는 절대적으로 확실한 것은 존재하지 않으며, 앞으로도 존재할 가능성이나 기회가 없다고 인정하고 있다. 우리가 사는 세계는 불확실한 세계라는 것을 인정한다. 이런 사람들은 그러한 불확실한 세계에서 살고 있는 것이 놀랍고 자극적이며 무서운 것이 아니라는 것을 알고 있다. 그들은 질서나 순서를 어느 정도 좋아하지만 장차 어떻게 될지, 자신에게 무슨 일이 일어날지 결코 세세한 부분까지 알려고 하지 않는다.

(7) 창조적 일에 대한 헌신

많은 사람은 무언가에 정말로 열중할 때나 인간과 관련된 몇 가지 일에서도 마찬가지로, 창조적인 태도가 매우 중요하다고 생각한다. 일상생활에 활력을 주고 몰입할 수 있는 창조적인 흥미를 주는 일을 적어도 하나를 가지고 있으면, 건전하고 행복해지는 것이다.

(8) 과학적 사고

심리적으로 혼란하지 않은 사람들은 혼란한 사람들보다 사물을 객관적·이성적·과학적으로 보는 경향이 있다. 그러한 사람들은 깊이 느낄 수 있고 협조하여 행동할 수 있지만, 한편으로 자신의 감정이나 행동에 대해 심사숙고하고, 감정이나 행동의 결과를 단기적 및 장기적인 목표에 얼마나 도달할 수 있었는가 하는 점을 평가함으로써 감정이나 행동을 제어하는 경향이 있다.

(9) 자기수용

건강한 사람은 보통 단지 살아 있으며, 자기 자신을 즐길 능력이 있다는 이유만으로 삶의 기쁨을 느끼고 자신을 수용한다. 그들은 밖에서 본 성취도나 다른 사람이 어떻게 생각하느냐에 따라 내면의 가치를 재는 것을 거부한다. 솔직하고 무조건적으로 자신을 수용하는 것을 선택하고, 자기 자신의 본질이나 존재에 대한 가치평가를 하려 하지 않는다. 자신에게 가치가 있다고 과시하려고 하지 않고, 자신을 즐기려고 노력한다.

(10) 위험을 무릅쓰다

심리적으로 건강한 사람은 실패할 가능성이 상당히 있는 경우에도 상당한 위험을 무릅쓰거나, 자신이 하고 싶은 일을 하는 경향이 있다. 이들은 무모하지는 않지만 모험심이 왕성하다.

(11) 장기적 쾌락주의

적응적 사람들은 현재와 미래의 만족을 추구하므로 눈앞의 이익을 위해 미래의 고통을 초래하는 일은 하지 않는다. 그들은 쾌락주의자이며, 행복 추구와 고통 회피를 생각하는 데 앞으로 긴 인생이니만큼 오늘의 일도 내일의 일도 잘 생각하고 한때의 만족에 연연하지 않는 게 좋겠다고 생각한다.

(12) 현실적 노력

건강한 사람은 아마도 유토피아라는 것에 도달할 수 없고, 원하는 것을 모두 얻거나 모든 고통을 회피할 수 없다는 것을 받아들인다. 현실적이지 못한 즐거움이나 행복, 완벽함을 추구하거나 불안, 우울, 위축, 적의를 완전히 없애려는 비현실적인 노력을 하는 것을 거부한다.

(13) 자신의 심리적 혼란에 대한 책임

건강한 사람은 자신의 자멸적 생각, 감정, 행동에 대해 방어적이 되어, 타인이나 사회상황을 비난하지 않으며 자신의 심리적 혼란에 대해 책임을 지는 경향이 있다.

2) 보살의 32가지 특징

"만약 보살이 32가지의 특징을 가지고 있다면 보살이라 부를 수 있다."

① "일체의 중생을 이롭게 하고 안락케 하고 싶은 의지를 지니고 있다"
   는 것은 모든 존재를 일체 지자^{智者}의 지혜로 이끌고자 하는 의지, 즉
   지혜를 전하고자 하는 특징이 있다.
② "나는 지금 어떤 경지에서 이러한 지혜에 대응해야 할 것인가?" 전도,
   즉 뒤바뀜이 없는 특징을 가진다.
③ "고만^{高慢}한 마음을 버린다"란 곧 다른 사람에게 부탁받기를 기다리
   지 않고 스스로 실행한다.
④ "견고한 선의^{善意}"란 곧 깨뜨릴 수 없는 행위를 특징으로 가진다.
⑤ "조금이라도 연민하는 것이 아닌 의지"란 곧 바라는 바가 없는 행위
   를 한다.
⑥ "보답을 원치 않는다."
⑦ "친한 사람과 친하지 않은 사람에게 평등한 의지"란, 곧 은혜가 있는
   사람과 은혜가 없는 사람에 대해 애착과 증오의 마음을 일으키지 않
   는다.
⑧ "영원히 좋은 벗이 되겠다는 의지가 무여열반에 이른다"는 것은
   곧 성실하게 곁에 있으면서 행위를 하여 다음 생에까지 이른다는
   것이다.
⑨ "알맞게 말하고, 미소 지으면서 말한다"는 것은 장소에 맞게 말한다
   고 하는 특징을 가진다.

⑩ "여러 중생에 대하여 자비가 다를 수 없다"는 것은 곧 고통받는 자, 즐기는 자, 그 어느 쪽도 아닌 자 모두에게 평등하게 대한다.

⑪ "하는 일에 좌절하는 마음이 없다"는 것은 열등감이 없는 것이다.

⑫ "싫증이 나서 지쳐 버리지 않는 마음"이란 곧 물러나지 않는 것이다.

⑬ "도리를 듣고 질리는 일이 없다"는 것은 구원의 수단을 모으는 것이다.

⑭ "스스로 지은 죄는 그 잘못을 드러내고, 다른 사람이 지은 죄는[그 사람 자신에 대한] 불신 없이 지적한다"는 것은 곧 잘못은 잘못으로서 인정하고, 이를 제거함으로써 대치한다는 것이다.

⑮ "일체의 일상행동에서 항상 보리심을 갖고 있다"는 것은 곧 단절 없이 사유하는 특징을 가진다.

⑯ "보답을 구하지 말고 보시를 행한다."

⑰ "일체의 두려움이나 어디로 윤회하는가에 구애받지 말고 계를 지킨다."

⑱ "일체의 중생에 대하여 인내심이 강하고 지체되는 일이 없다."

⑲ "일체의 선한 일들을 받아들이기 위해 수행·정진한다."

⑳ "삼매를 수행하여 무색정을 초월한다."

㉑ "방편을 갖춘 지혜와 네 가지 중생을 품는 방법인 사섭법四攝法에 따른 방편을 얻는다"는 것은 곧 뛰어난 단계로 나아가는 것이다.

㉒ "계율을 지키는 자와 계율을 어기는 자 모두에게 선한 벗으로서 둘이 아니다無二"라는 것은 곧 방편을 완성하는 것이다.

㉓ "선지식에게 사사師事하고 존경하는 마음으로 가르침을 듣는다"는

것은 곧 바른 법을 듣는 것이다.

㉔ "존경심을 가지고 즐기고 조용한 곳에 머문다"는 것은 곧 조용한 곳에 머무는 것이다.

㉕ "세상의 희귀한 일에 기뻐하는 마음을 갖지 않겠다"는 것은 곧 잘못된 감각의 자극을 멀리하는 것이다.

㉖ "소승을 기뻐하는 마음을 갖지 않고, 대승의 가르침에 참다운 공덕이 있다고 본다"는 것은 곧 공덕에 대해 올바르게 사유하는 것이다.

㉗ "나쁜 벗을 떠나 좋은 벗을 가까이 한다"는 것은 좋은 벗을 사사師事하는 공덕을 밝히고 있다.

㉘ "항상 네 종류의 고요한 이상적인 자세, 즉 사범주四梵住로 대치한다"는 것은 완성의 행위를 밝히고 있다.

㉙ "무량한 마음을 청정하도록 다스리고, 항상 다섯 가지 신비한 힘인 신통神通의 지혜에 노닌다"는 것은 곧 고귀한 덕을 얻는 것이다.

㉚ "언제나 지혜에 따라 행동한다"는 것은 곧 깨달음을 얻는 공덕이다.

㉛ "올바른 카르마에 머무는 자와 올바른 카르마에 머무르지 않는 자, 어느 쪽의 중생에 대해서도 버리는 마음이 없다"는 것은 곧 다른 사람에게 평온을 주는 카르마다.

㉜ "분명한 방향이 정해진 말을 한다"는 것은 곧 망설임 없이 바른 가르침과 학문의 내용을 정립하는 것이다.

㉝ "불법을 존중한다"는 것은 곧 가르침과 자량의 교화수단이다.

㉞ "먼저 경의를 가지고 보살의 마음을 행한다"는 것은 곧 때 묻지 않은 마음이다.

이러한 특징을 가진 사람을 보살이라고 부른다. '보살의 32가지 특징'을 헤아려보면 34개 항목으로 되어 있는 것은 어느 항목을 겹쳐서 하나로 세어야 하지만, 원문에는 번호가 없기 때문에 어떻게 중첩해야 할지 모르겠다. 비교해서 읽어보면 인간관이 얼마나 다른지 실감할 것이라고 생각한다. 특히 처음 부분을 비교해보면 양자의 결정적인 차이를 알 수 있다.

합리적 정서행동치료에서는 '자기이익'을 소중히 하고, "우선 자기 자신에게 관심을 가지고, 다른 사람보다 자신의 관심사를 조금만 우선시한다"라는 것이다. 이것은 말할 것도 없이 전형적으로 서구적, 특히 미국적인 개인주의 사고방식이다. 그런 의미에서 전쟁 후 일본인에게는 매우 쉽게 받아들일 수 있는 사고방식이라고 말할 수 있을 것이다.

그러나 본문에서도 언급했지만 여기서 다시 한번 주의해야 할 것은 이것은 결코 단순하게 '에고이즘 egoism'이라든가, '자아에 대한 집착'이라고 해서 비난받아서는 안 된다는 것이다.

"다른 사람보다 자신의 관심사를 조금만 우선시한다"는 것은 보통 인간으로서는 오히려 건전한 것이라고 엘리스는 말한다. 그것은 나와 타인이 분리되어 있다는 팔식의 마음에 의해 살아가고 있는 '보통 사람인 범부'로서는 무리가 없는 자연스러운 태도라고 필자도 생각한다.

오히려 먼저 '자신의 인생을 책임지려고 하는' 자세가 있어야만 다른 사람이나 공동체에 의존하는 일 없이 진정한 의미에서 '다른 사람과 협력하는 것'도 가능해진다.

그런 사람들은 '모든 것을 내놓지는 않는다'라고 하더라도 제대로 '마음을 쓰고 있는 사람을 위해서는 어느 정도 자기희생도 치룰 수 있고, '내가 기분 좋고 즐겁게 살 수 있는 세상을 내 손으로 만들기' 위한 '사회적 관심'은 확실히 가지고 있으며, '사회집단이나 공동체에 참여해서 생활하고, 즐길 것을 선택해서' 도덕심을 가지고 행동하고, 다른 사람의 권리를 존중하며, 사회의 지속을 위해서 협력한다. 이는 어른으로서 매우 성숙하고 결코 제멋대로인 것은 아니다.

반면 보살은 우선 '일체의 중생을 이롭게 하고 편안케 하고자 하는 의지'를 우선시한다. 만약 경직된 팔식의 범부가 마음의 변화와 성장이 뒤따르지 않은 채, 이것을 형식적으로만 실행하려 든다면 상당한 무리가 올 것이다.

자신과 다른 사람이 분리되어 있다는 분별지分別知를 바탕으로 무반성적으로 자선행위를 하면, 종종 힘 있는 사람이 힘없는 사람을 불쌍히 여긴다 또는 업신여긴다는 '교만한 마음'이 되어버린다.

'뒤바뀜이 없는 카르마', 즉 상대와 자신이 사실은 일체라는 깊은 깨달음과 평등성지와 묘관찰지 안에서, 상대가 아래이고 자신이 위라고 하는 '교만한 마음을 버리는' 것에 의해서 먼저 부탁받지도 않았는데, 아무것도 요구하지 않고, 은혜를 탐내지 않으며, 상대와 궁합이 좋든 나쁘든, 어떠한 일이 있어도 싫어지거나 망가져버리는 일이 없는 선의를 가지고, 영원히 선한 카르마와 행동을 지속할 수 있게 되는 것이다.

그런 보살의 행위라면 좌절하거나 지쳐서 물러나는 일이 결코 없다. 반대로 말하면 범부의 선행은 삶의 보람이나, 하는 보람이라고 하는 보상이 없으면, 자주 무엇을 위해서 하고 있는지 모르게 되어 싫어지고, '번아웃 증후군'에 빠지게 되는 것은 어떤 의미에서는 당연한 것이다.

그래서 초보의 보살은 뜻을 지속시키고 팔식八識을 사지四智로 전환하기 위해서 '도리를 듣고 싫증 나는 일이 없이', '단절 없이 사유하며', '삼매를 수행한다'는 보살의 배움을 지속적으로 이어가게 된다. 배움의 지속 없이는 의지의 지속, 즉 '견고한 선의善意'는 확립되지 않는다.

그러나 그러한 공부를 하지 않은 단계나 아직 미흡한 단계에서는 우선 '과학적인 사고'를 확립해 '사물을 객관적·이성적·과학적으로 보고', '자신의 감정이나 행동에 대해 심사숙고하고, 감정이나 행동의 결과를 단기적 및 장기적인 목표에 어느 정도 도달할 수 있었는지 하는 점으로부터 평가한다. 이를 통해서 감정이나 행동을 조절하는' 능력을 기르는 것으로부터 시작하는 편이 인간의 성장 과정을 촉진한다고 하는 의미에서는 유효성이 높을 것이다.

이성적인 능력을 제대로 획득하면 앞서 말한 것과 같은 이유로 결코 제멋대로인 단기적인 쾌락주의자가 되는 것이 아니라, 타인과의 균형을 잡으면서 '장기적인 쾌락주의'의 생활방식을 할 수 있게 되는 것이다.

그러한 장기적인 쾌락주의의 생활방식은 자신의 능력을 최대한 살려서 '창조적인 일에 헌신하는 것'으로 인생을 즐기려는 것이기 때문에 동기는 '자기실현'이지만, 결과는 '사회공헌'이라는 것이 된다. 이것을 철저히 하면 보살의 '자리이타'의 '보시'에 한없이 가까워지는 것은 당연한 이치라고 말해도 좋다고 생각한다.

또한 그 때문에 '감정이나 행동을 조절한다'라는 것은 자율적 태도이며, '지계'에 대응하고 있다.

'이성적인 사고방식을 가진 사람은 자기 자신에게도 다른 사람에게도 잘못을 저지를 권리를 인정하기' 때문에, '일체의 중생에 대하여 인내심이 강하고 지체되는 일이 없는 것'이라는 보살의 '인욕'의 마음에 한없이 다가서고 있다.

인생을 긍정하여 창조적인 일에 몰두하는 것은 '정진'에 대응하고 있다. 합리적 정서행동치료 그리고 서구의 심리치료에 결정적으로 결여되어 있는 것은 말할 필요도 없이 '선정'이다. 그 때문에 '분별성으로부터 의타성으로'라는 견해가 상당히 좋아졌다 하더라도 말하자면 '성숙한 분별지'를 넘어 '무분별지無分別智', '무분별후득지無分別後得智'에 도달할 수 없다.

그러나 정리해서 말하면, 비록 '분별지'에 머무른다고 하는 한계를 가지고 있다고 해도 제대로 '논리적·이성적'으로 되면, 자기라고 하는 것이 자신만으로 살 수 있는 것이 아니고, 다른 사람과의 관계 속에서 살 수밖에 없으며, 자기실현도 자기 혼자 할 수 있는 것이 아니라는 것을 알게 된다. 그리고 점차 '분별성으로부터 의타성으로' 견해를 깊게 하면서 심리적으로 건강한, 즉 성숙한 인성이 될 수가 있다. 불교에서 말하는 보살적 소양을 갖춘 인간에 가까워진다는 것이다.

물론 인간은 그러한 분별지로서의 이성을 충분히 성장시킨 후에 더욱 무분별지 그리고 무분별후득지라고 하는 지혜를 얻어가는 것이 가능하기 때문에, 그 정도로 성장하는 것이 누구에게나 바람직한 일이라고 생각한다.

그러한 이유로 본문에서도 이미 반복해서 말한 것이지만, 우선 이성적 자아의 확립을 목표로 하면서 동시에 그것을 넘어서는 단계도 있다는 것을 시야에 넣어두고, 능숙하게 병행해 배우도록 이끌어 가는 것이 현대의 교묘한 수단이자 방편의 본연의 자세라고 필자는 생각한다.

一

참고도서

참고도서

유식을 배우고자 하는 사람을 위한 참고도서

필자의 저서

• 『唯識心理學入門』(サングラハ心理學硏究所, 2005), 『유식심리학 입문』(상그라하 심리학연구소): 가장 입문적인 안내서.

• 『わかる唯識』(水書坊, 1995), 『알 수 있는 유식(唯識)』(수서방): 초급 유식의 정수를 알기 쉽게 설명.

• 『唯識で自分を変える－仏教の心理学ガイドブック』(鈴木出版, 1995), 『유식으로 자신을 바꾸다－불교심리학 가이드북』(스즈키 출판): 『알 수 있는 유식』에서 배운 것을 한층 더 일상생활에 활용하기 위한 초급 실천편.

• 『唯識の心理学』(青土社; 改訂版, 2005), 『유식(唯識)의 심리학』(청토사): 유식의 대표적인 고전 『유식 30송』의 현대적인 해설. 초급 상(上).

• 『唯識のすすめ－仏教の深層心理学入門』NHK出版, 1998), 『유식의 추천－불교 심층심리학입문』(NHK출판): 유식의 전체상과 현대적 의미를 밝히고, 서양의 심층심리학 및 트랜스퍼스널심리학과의 비교와 습합에 대해서도 이야기한 중급편.

- 『大乘仏教の深層心理學－攝大乘論を読む』(青土社, 2011), 『대승불교의 심층 심리학－섭대승론 읽기』(청토사): 『유식 30송』에 앞서는 대표적인 고전. 유식 의 입장에서 대승불교를 종합적으로 살펴본 명저의 개설. 중급의 상편.
- 『摂大乘論現代語訳』(コスモス・ライブラリー刊, 星雲社発売, 1996), 『섭대승론 현대어 번역』(코스모스 라이브러리 일간, 성운사 발매): 무착＝아상가의 대표 적 저작을 현대어로 번역. 유식 학습자가 반드시 휴대해야 할 권위 있는 명저. 상급편.

다른 저자의 저서
초급
- 多川 俊映(타가와 슌에이), 『はじめての唯識(첫 유식)』(春秋社, 2001): 흥복사 (興福寺) 주지가 쓴 알기 쉬운 유식 입문. 단순한 학설의 소개가 아닌 삶의 방식, 종교의 문제로 인식하고 있는 점이 특징.
- 太田 久紀(오타 히사노리), 『仏教の深層心理―迷いより悟りへ・唯識への招待 (불교의 심층심리－미혹보다 깨달음으로, 유식으로의 초대)』(有斐閣選書, 1983): 전통 유식의 입장에서 매우 알기 쉽게 설명하고 있다.

중급
- 横山紘一(요코야마 코이치), 『唯識思想入門(유식사상입문)』(レグルス文庫, 1976): 소책자로 유식의 역사와 사상을 간결하게 정리하고 있어 매우 편리하다.
- 服部正明 他(핫토리 마사아키 외), 『仏教の思想4 認識と超越<唯識>(불교의 사 상4 인식과 초월＜유식＞)』(角川文庫ソフィア, 1997): 불교 역사 중에서 유식의 위상을 잘 알 수 있는 좋은 문고판 저서.
- 三枝 充恵(사이구사 미츠요시), 『世親(세친)』(講談社学術文庫, 2004): 유식이

론의 대성자, 세친의 전체상을 알 수 있다. '인류의 지적 유산' 시리즈 문고판.

- 長尾 雅人 他(나가오 가진 외), 『大乘仏典<15> 世親論集(대승불전<15> 세친논집)』(中公文庫, 2005): 세친＝바수반두 저작의 현대어 번역.

좌선

- 『サングラハ・実践の手引き(상그라하・실천의 길잡이)』(サングラハ心理学研究所, 2002)

- 大森 曹玄(오오모리 소겐), 『参禅入門(참선입문)』(講談社学術文庫, 1986)

- 山田 無文 他(야마다 무몬 외), 『坐禅のすすめ(좌선의 추천)』(禅文化研究所, 2008)

합리적 정서행동치료를 배우고자 하는 사람을 위한 참고도서

(*이 붙어 있는 것부터 읽기 시작하면 좋다)

입문서

- 伊藤順康(이토 준코오), 『自己変革の心理学: 論理療法入門(자기변혁의 심리학: 논리요법 입문)』(講談社現代新書, 1990)*

- 國分 康孝(코쿠부 야스타카), 『論理療法の理論と実際(논리요법의 이론과 실제)』(誠信書房, 1999)

- W・ドライデン(W. Dryden), 『論理療法入門: その理論と実際(논리요법 입문: 그 이론과 실제)』(川島書店, 1998)*

- W・ドライデン(W. Dryden), 『実践論理療法入門: カウンセリングを学ぶ人のために(실천논리요법 입문: 상담을 배우는 사람을 위해서)』(岩崎学術出版社, 1997)

합리적 정서행동치료에 의한 셀프 헬프북

- A·エリス(A. Ellis 저), 石隈 利紀(이시쿠마 토시노리 역), 『どんなことがあっても 自分をみじめにしないためには(어떤 일이 있어도 자신을 비참하게 하지 않기 위해서는)』(川島書店, 1996)*

- A·エリス(A. Ellis 저), 國分 康孝(코쿠부 야스타카 역), 『神経症者とつきあうに は: 家庭·学校·職場における論理療法(신경증환자와 교제하기 위해서는: 가정·학교·직장에서의 논리요법)』(川島書店, 1984)

- A·エリス(A. Ellis 저), 野口 京子(노구치 쿄코 역), 『怒りをコントロールできる人, できない人: 理性感情行動療法REBT)による怒りの解決法(분노를 조절할 수 있는 사람, 못하는 사람: 이성감정행동요법(REBT)에 의한 분노의 해결법)』(金子書房, 2004)

- A·エリス(A. Ellis 저), 斉藤勇(사이토 다케시 역), 『性格は変えられない, それでも人生は変えられる(성격은 바꿀 수 없다, 그래도 인생은 바꿀 수 있다)』(ダイヤモンド社, 2000)

- A·エリス(A. Ellis 저), 斉藤勇, 栗原紀子(사이토 다케시, 쿠리하라 노리코 역), 『幸せなカップルになるために: エリス博士の7つのルール(행복한 커플이 되기 위해: 엘리스 박사의 일곱 가지 규칙)』(ダイヤモンド社, 2002)

- W·ドライデン(W. Dryden 저), 岡野 守也(오카노 모리야 역), 『今日出来ることを, つい明日に延ばしてしまうあなたに(오늘 할 수 있는 것을 바로 내일로 미루어버리는 당신에게)』(PHP研究所, 2003)

- A·エリス(A. Ellis 저), 斉藤勇, 山村宜子(사이토 다케시, 야마무라 요시코 역), 『あなたを縛る「思い込み」から脱け出す法(당신을 묶는 '확신'에서 벗어나는 방법)』(ダイヤモンド社, 1998)

최근 도서

- A・エリス(A. Ellis 저), 國分康孝(코쿠부 야스타카 역),『論理療法: 自己説得の サイコセラピイ(논리요법－자기 설득의 심리치료)』(川島書店, 1981)

- A・エリス(A. Ellis 저), 沢田慶輔, 英俊橋口(사와다 케이스케, 히데토시 하시구 치 역),『人間性主義心理療法: RET入門(인간성주의심리요법: RET 입문)』(サイ エンス社, 1983)

- A・エリス他(A. Ellis 외 저), 信雄稲松(노부오 이나마츠 역),『REBT入門: 理性感 情行動療法への招待(REBT 입문: 이성감정행동요법으로의 초대)』(実務教育 出版, 1996)

- A・エリス(A. Ellis 저), 野口京子(노구치 쿄코 역),『理性感情行動療法(이성감 정행동요법)』(金子書房, 1999)

- A・エリス(A. Ellis 저), 野口京子(노구치 쿄코 역),『ブリーフ・セラピー(신념 테 라피)』(金子書房, 2000)

- J・ヤンクラ他(J. Yankura 외 저), 国分康孝他(코쿠부 야스타카 외 역),『アル バート・エリス人と業績: 論理療法の誕生とその展開(앨버트 엘리스와 업적: 논 리요법의 탄생과 그 전개)』(川島書店, 1998)

- A・エリス他(A. Ellis 외 저) 菅沼憲治(스가누마 켄지 역),『論理療法トレーニン グ: 論理療法士になるために(논리요법 트레이닝: 논리요법사가 되기 위해)』(東 京國書, 2004)

저자 후기

　　필자는 줄곧 '어떻게 하면 인간은 개인으로서도 집단으로서도 평화로운 마음으로, 실제로도 평화롭게 살 수 있는가?'라는 주제로 일해 왔다. 그것을 위해서 도움이 될 만한 것은 가능한 한 뭐든지 배우려고 해왔기 때문에, "전문은?"이라고 물으면 항상 한마디로 말할 수 있는 분야나 직책이 없어서 난감했다.

　　『자아와 무아 - 개인과 집단의 성숙한 관계』라고 하는 책을 냈을 때 신문 서평에서 '재야의 사상가'라는 소개를 해주어서 '이 정도가 직함인가?'라고 생각한 적이 있었다.

　　유식도 그런 관점에서 배워왔기 때문에 불교의 역사학과 문헌학이라는 의미에서는 전문가가 아니다. 그런데 어느덧 유식을 주제로 번역 한 권에 일곱 권의 저서를 쓰고 있어서 전문가로 간주되는 경우가 많아지고 있다.

　　거기에 그치지 않고 올해부터 불교계 학교인 무사시노대학武蔵野大學에서 '불교심리론'이라는 강좌를 담당하고 있다. 학계에서도 일단 불교심리학의 전문가로서 인정하고 있다고 생각하고 있다.

이번에 또 유식에 대해 글을 써 달라는 의뢰를 받았을 때, 처음에는 '이제 쓸 말이 없는데, 같은 말을 써야 하나'라고 망설였지만, 그 '불교심리론'의 교과서로서 유식과 임상심리학, 특히 합리적 정서행동치료를 정리해서 실제로 사용할 수 있는 텍스트가 있어도 좋겠다고 생각했다. 무엇보다도 편집 담당 네기시 히로노리根岸宏典 의 열의에 이끌려 쓰게 되었다.

학기 중에 쓸 생각이었는데, 여러 가지 일에 쫓겨 결국 8월 초순이 지난 뒤에야 늦게나마 여름방학의 절반을 반납하고 간신히 끝내었다.

대단한 열의로 내 강의를 청강하고, 녹음하고 완곡하게 독촉해준 네기시에 대한 의리로 책을 겨우 완수할 수 있었다. 요즘엔 "말이 샘물처럼 쏟아져 나온다"라고 할 수 없게 된 필자의 뇌리에서 유식과 합리적 정서행동치료의 정수 부분을 잘 짜내주신 점, 정말 감사드린다.

덕분에 "유식뿐만이 아니라 합리적 정서행동치료도 읽고 싶다"라고 말해주고 있는 상그라하 연구소의 회원분들이나 학생 여러분의 요청에도 이것으로 응답할 수 있게 되었다. 마음과 관련된 문제가 산적해 있는 일본의 상황 속에서 이 책은 분명 독자에게 뭔가 도움이 될 것으로 믿고 있으며, 그렇게 되기를 진심으로 기원한다.

마지막으로 사적인 일이긴 하지만 집필을 위한 무리한 생활 스케줄에도 불평 한마디 없이 대해준 아내에게 진심으로 감사를 표하고 싶다. 이래저래 '모든 것은 인연이구나'라고 진심으로 생각하는 나날이다.

2004년 8월
저자 오카노 모리야

역자 후기

일본불교심리학회에서 출간한 『불교심리학사전』을 번역하면서 본서의 저자인 오카노 모리야 선생의 글을 종종 보게 되었다. 오카노 모리야 선생이 불교와 서구심리학을 연결하려는 노력을 지속적으로 기울이고 있는 모습에 깊은 인상을 받았다. 이후로 선생의 책을 구입해놓고서는 틈나는 대로 읽어보게 되었고, 그러던 중 본서를 번역하기로 마음을 먹었다. 그리고 이제야 번역을 내놓게 되었다.

그 사이에 나는 불교심리학과 불교상담 관련 논문을 쓰면서 불교와 심리학의 가교를 놓기 위해서 다양한 노력을 기울이고 있었다. 불교와 서양심리학을 연결하고 있는 서적을 다양하게 번역하고 있었다. 불교와 프로이트, 불교와 융, 불교와 아들러와 관련된 책을 이미 출판하였고, 불교와 인지행동치료 관련된 번역서를 준비하고 있는 중이다.

오카노 모리야는 불교를 현대적 상담기법과 연결시키기에 가장 좋은 두 분야로 아들러와 유식, 합리적 정서행동치료와 유식을 들고 있다. 아들러와 유식은 『붓다와 아들러의 대화』로 이미 출간되었고, 합리적 정서행동치료와 유식도 이제 출간하게 되었다. 논리요법은 앨버트 엘리스Albert Ellis의

"합리적 정서행동치료Rational Emotive Behavior Therapy, REBT"의 일본어 번역이다. 논리요법은 처음에는 'rational therapy'로 출발하였는데, 이때 'rational'을 '논리'로 번역하게 되었고, 이것이 이름으로 굳어지게 되었다. 한국에서는 엘리스가 자신의 치료기법의 이름을 조금씩 바꿀 때마다 조금씩 이름을 바꾸었다. 지금은 '합리적 정서행동치료'로 대체로 사용하고 있다. 본 번역서에서는 일본어 번역어인 '논리요법'을 '합리적 정서행동치료'로 옮기고 있다.

유식에서 칠식七識이 가지는 견만애취 見慢愛取라는 근본번뇌로 인해서 수많은 번뇌가 발생한다. 본 서는 이 칠식의 근본번뇌를 논리적인 방법으로 타파해보고자 하는 것을, 서구의 합리적 정서행동치료와 접목시킨 것이라고 할 수 있다. 이를 저자는 논리적으로 설명하고 있다. 서구심리학과 유식의 관계에 대한 기존의 연구는 서구심리학 가운데 무의식과 접목해서 연구하는 경우가 대부분이었다. 유식은 주로 심층심리학과 연관해서 연구되었는데, 이른바 표층심리학이라고 할 수 있는 인지행동주의와 연관해서 나오는 서적으로는 처음이 아닌가 생각한다. 이는 유식이 가지고 있는 다양한 치유 가능성을 폭넓게 보여주고 있다고 할 수 있다.

유식이 팔식八識이라는 무의식을 포함하고 있기도 하지만, 이것이 칠식과 육식으로 올라올 때는 의식意識이 동시에 연결된다. 불교에서는 무의식과 의식이 동시에 움직이고, 지속적인 연기관계에 놓여 있기 때문에 무의식 따로, 의식 따로 치료하는 것이 성립하지 않는다고 할 수 있다. 무의식이라는 것도 일상적인 의식에 의해서 인식되지 않을 만큼 세밀한 의식이라는 것이지 의식이 없다는 것이 아니다. 그러므로 의식과 무의식의 통합적인 치료가 이루어져야 한다는 것이 유식의 함의가 된다고 할 수 있다. 그래서 저자는 부제를 '불교와 심리치료의 통합과 실천'으로 붙인 것이라고 할 수 있다. 불교와 심리치료의 통합의 가능성을 유식과 합리적 정서행동치료에서 보았다면, 의식과 무의식의 통합적인 치료도 여기에서 이루어질 수 있을 것으로 기대한다.

본 서는 유식에 대한 새로운 심리치료적 가능성을 제시한다는 측면에서 새로운 지평을 열고 있다고 할 수 있다. 독자들의 일독을 권한다. 그리고 출판을 위해서 애써주신 최장미 선생님, 엄세정 선생님께 감사의 말씀을 드린다.

2023년 10월
역자 송 희조

찾아보기

지은이·옮긴이

지은이

오카노 모리야(岡野守也)

1947년 히로시마 출신의 일본의 사상가, 불교심리학자, 심리치료사이다. 간토학원대학 대학원 신학연구과를 수료하고 호세이대학, 무사시노대학, 오비린대학 등에서 강사로 근무했다. 1992년 상그라하 심리학연구소를 설립했고, 지속가능한 사회 창출을 위한 인재 육성을 목표로 집필, 번역, 강연, 강의, 워크숍 등 활동을 이어가고 있다.

켄 윌버와 자아초월심리학을 일본에 처음으로 소개했고, 아들러, 프랭클, 합리적 정서행동치료, 자아초월심리학 등의 심리학과 대승경전을 종합적으로 연구하고 있다. 서양심리학과 대승불교, 특히 유식사상을 융합한 유식심리학, 현대과학과 심리치료와 불교사상을 통합한 코스모스테라피를 고안하여 보급하고 있다. 2008년 일본불교심리학회를 창설하고 부회장을 2012년까지 역임했다.

옮긴이

윤희조

서울대학교 철학과 학부와 대학원 석사과정을 졸업하고, 서울불교대학원대학교 불교학과 대학원에서 석·박사학위를 취득했다. 현재 서울불교대학원대학교 불교학과 불교상담학전공 지도교수로 재직 중이며, 불교와심리연구원 원장을 맡고 있다.

유식과 합리적 정서행동치료

불교와 심리치료의 통합과 실천

초판 발행 2023년 10월 30일

지은이 오카노 모리야(岡野守也)
옮긴이 윤희조
펴낸이 김성배

책임편집 최장미
디자인 문정민, 엄해정
제작 김문갑

발행처 도서출판 씨아이알
출판등록 제2-3285호(2001년 3월 19일)
주소 (04626) 서울특별시 중구 필동로8길 43(예장동 1-151)
전화 (02) 2275-8603(대표) | 팩스 (02) 2265-9394
홈페이지 www.circom.co.kr

ISBN 979-11-6856-180-9 (93220)